高等学校
探究授業の創り方

教科・科目別授業モデルの提案

田中 博之 編著

はじめに

　本書は、2018（平成30）年に告示された新しい高等学校学習指導要領の改訂の趣旨を生かして、これからの高等学校での授業づくりの指針を多様な実践事例を通して提案するものである。

　新しい授業づくりのキーワードは、探究的な学習である。

　新しい学習指導要領の改訂の趣旨である、「主体的・対話的で深い学び」の視点を生かした授業づくりの特徴は、高等学校においては、「探究」という用語に端的に表れている。すでに、現行の学習指導要領においても、例えば理科の諸科目において、「探究活動」という用語で、実験や観察を通した仮説検証を伴う課題解決的な学習を行うようになっている。

　さらにその方向を推し進めて、新しい高等学校学習指導要領においては、「総合的な探究の時間」における探究課題の設定に始まり、数多くの探究科目の設定が行われていることは周知の通りである。

　古典探究、地理探究、日本史探究、世界史探究、理数探究基礎、理数探究という新科目名を見ると、明らかに新しい学習指導要領は、高等学校の授業づくりにおいて探究的な学習を軸とした授業づくりを求めている。

　そこで、本書においては、多くの類書が出ている「総合的な探究の時間」の実践ハンドブックではなく、まさに多くの新しい探究科目が設定された高等学校の教科指導・教科学習における探究的な学習の在り方を提案することにした。それこそが、今わが国の高等学校で最も強く求められている新しい授業づくりの指針を、具体的に示すことになるからである。

　幸い、筆者は2009年度から早稲田大学教職大学院において実践的な研究を多くの在学生や修了生と継続してきた。特に、高等学校の教員を目指すストレートマスターの学生たちやすでに高等学校の教員である現職教員学生たちと、新しい学習指導要領が告示されて以来ずっと、高等学校の探究的な学習の在り方に焦点をあてて実践研究を進めてきた。

　まだ先行事例もない中で、また、ようやく今年になって新教科書の見本本が出始めた状況で、まさに手探りの中で私と学生たちそして修了生たちの間で多くの

クリエイティブなアイデアを出し合い、諸外国の実践理論を検討し合い、新しい授業モデルを構成しそれに沿って教材を作り、生徒たちの反応を確かめてきた。

　そうした真摯で熱意あふれる対話と実践を通して生み出されたのが、本書である。どれ一つの実践も、授業を行わずに構想案だけを原稿にしたものはない。また、探究的な学習の教育理論や新学習指導要領の規定を学ばずに我流で作られた授業もない。

　その意味で本書は、同じ大学の同じ専攻で学んだ篤い志を同じくする高校教員たちが集い、理論と実践を融合させて生徒たちに新しい課題解決的な資質・能力を育むために奮闘してきた実践の記録であり、早稲田大学教職大学院に在籍した者たちによる統一感のある実践提案となっている。

　さて、私たちにとって、大変幸運であったのは、わが国において高等学校の教育に関して最も権威ある出版社である学事出版さんから、本書を出版する機会を与えていただいたことである。代表取締役社長の花岡萬之氏、そして本書の編集を担当していただいた「月刊高校教育」編集担当の二井豪氏に、心より感謝を申し上げたい。

　最後に、筆者の高校教育の改革にかける思いを受け止めてこの出版プロジェクトに参加してくれた14名の授業者の先生方に感謝したい。うれしいことに、早稲田大学の校訓である「進取の気性」と「学の独立」を体現して、最先端の授業づくりとその実践に取り組んでいただくことができた。

　そして、コロナ禍において授業時数の不足や対話的な学習の制約という困難がある中で、集中して真剣に探究的な学習に取り組み、多様な考察と表現に取り組んでくださった高校生の皆さんに深く感謝したい。生徒さんたちの熱心な努力がなければ、この出版プロジェクトは完了しなかっただろう。

　本書が多くの高等学校の先生方に読み継がれて、日々の授業改善が益々進み、わが国の高校生の未来が21世紀後半に向けて大きく拓かれていくことを心から願っている。

2021年10月吉日

銀杏の葉が舞う早稲田の杜にて

編著者記す

contents

第4章
探究科目での探究授業

第5章
選択科目での探究授業

※本書で「学習指導要領」と表記する際は、特に記述がない限り2018(平成30)年告示の高等学校学習指導要領を指します。

第1章 探究的な学習の背景と目的

田中 博之

1. 国際的な教育改革の方向性と未来社会の姿

　2022年度から順次実施となる、日本の高等学校学習指導要領に、探究的な学習が導入されることになったのは、世界的な教育改革の動向を反映してのことである。

　そこで、本章で探究的な学習を高等学校で実践することがなぜ必要であるのかについて、まず国際的な視野から考えてみたい。

（1）問題解決的な学習や探究的な学習

　一つめの教育改革の潮流は、まさに高等学校学習指導要領が提唱する探究的な学習の元になっている問題解決的な学習（Problem Based Learning）や探究的な学習（Inquiry Based Learning）である。

　つまり、生徒自身が問題や課題を発見・設定して、その解決に向けて調査や実験、対話、討論を展開して考察し、結論を導き出してから表現や発表、振り返りにつなげていく主体的で協働的な学習が、今日では教育先進国の国々で主流の学び方になっている。

　カリフォルニア州の学校では、一斉学習方式で学ぶよりも問題解決的な学習で学ぶ方が、生徒の学習意欲が高まり成績や進学実績が高まるという実証結果も見いだされているほどである。

（2）教科におけるプロジェクト学習

　次に挙げられるのは、プロジェクト学習（Project Based Learning）の推進による教育改革である。これは、特に英国やアメリカの西海岸、オーストラリアにおいて主流となっている学び方である。上記の問題解決的な学習や探究的な学習とかなり似ているが、プロジェクト学習では生徒による学習計画の立案・実施・表現・評価が重視されていることや教科横断的なカリキュラム編成が重視されていることが特徴的である。

　また、これら（1）と（2）の学び方に共通しているのは、日本の新学習指導要領が提起しているように、「答えがない未知の問題に取り組み、それを解決してい

く資質・能力を育てる」ことをねらいとしていることである。

　既存の教科の内容を伝統的な一斉指導方式や講義形式で教えるだけでは、すでに数百年も前に発見されたり発明されたりしたことを受け身的に覚えたり習熟するところで学びが止まってしまう。しかし、それらに基礎・基本の学びとして一定の価値を認めつつも、できる限り多くの時間をかけて、課題解決的なプロジェクト学習に生徒たちが取り組むことによって、身近な生活の中の未知の問題を解決しようとするスキルや態度を育てることを大切にしているのである。

（3）21世紀型資質・能力の育成

　上記と関連して、世界の多くの先進国で探究的な学習が行われるようになった理由は、子どもたちに育てるべき資質・能力の考え方が大きく変わってきたからである。

　もちろん、基礎・基本の知識の習得を疎かにするわけではない。逆に、わが国で教育改革の基盤とする社会像のとらえ方として、知識基盤社会という呼称がよく使われるようになったのは、21世紀の高度で複雑な人間社会と科学技術の諸問題の解決には、深くて広範囲の知識が不可欠であるという考え方があるからである。

　しかし、知識基盤社会は、知識暗記社会というわけではなく、知識創出社会であり、知識活用型・探究型社会であるといってよい。

　したがって、これからの学校の授業で生徒に育てるべき資質・能力は、問題発見・解決力であり、知識活用・創出力、問題分析・考察力、コミュニケーション力、自己表現力、自己評価・改善力、統計的分析・意思決定力などの、新学習指導要領が求める「全ての学習の基盤となる資質・能力」であり、中央教育審議会が提唱した「教科横断的な資質・能力」、そして総称すれば、探究的な資質・能力なのである。本書では、これを「探究力」と呼ぶことにする。

　こうした、21世紀型資質・能力は、早くは英国において21世紀初頭から教科横断的なスキルとして提唱されたものであり、オーストラリアでは新しい基礎学力として、さらには、米国では21世紀型スキルという提案として国と民間が協力して提案してきたものである（次の2節参照）。

（4）協働的な学習

4つめに挙げたいのは、協働的な学習（Collaborative Learning、または、Cooperative Learning）である。これもアメリカで広がってきた学び方であり、通常の授業でのグループワークから、専門家との共同研究、学校間交流学習、国際交流学習や異文化交流学習まで、多彩な学習方式が提案されてきた。

科学的な研究も学校での学習も、本来的には社会的な協働作業であり、そこでは、協働的な発想、共同設計、共同製作、共同評価など、多様な教え合いや響き合い、学び合いが発生することが望ましいのである。

一斉指導方式や講義形式の授業では、そうした協働作業による課題解決や共同発見、共同製作を生徒に行わせることはできない。そこで、学校のカリキュラムに一定量の探究的な学習を保障する大きな根拠がある。

（5）タブレットやクラウド学習システムでの協働的な学習

2021年度以降は、生徒たちの探究的な学習は教室内の対面で行う必要は必ずしもなくなっている。すでに、日本の小学校と中学校では、政府が主導するGIGAスクール構想によって、子どもたち全員に一人一台端末が配布されたからである。

つまりこれからは、教室での対面授業とタブレットを用いたオンライン学習を組み合わせるハイブリッド学習、あるいはハイフレックス学習を行うことが、コロナ禍の新時代の学び方になっている。

高等学校においては、ほとんどの私学で一人一台端末の活用が始まっているし、公立高校においては未整備の学校が多いが、少なくとも学年フロアに20台程度のタブレットとWi-Fi環境が整っている学校が増えてきた。

理論的には、すでに30年以上前から、カナダのオンタリオ州立大学でスカーダマリア教授（Professor Marlene Scardamalia）らの研究グループが、CSCW（Computer-Supported Cooperative Work）と称する小規模な教室内LAN環境を構築して、子どもたち同士がメールや画像を送り合いながら、合意形成や共同製作に取り組んでいた。まさに、オンラインでの協働的な探究学習が成立していたのである。

これからの日本の協働的な学習も、こうしたオンラインやクラウド学習システムの環境を活用した探究的な学習を取り入れることが大切になっている。

(6) グロース・マインドセット（成長志向）に基づく学び

21世紀に入ってから、アメリカのキャロル・ドゥエック教授が提唱したグロース・マインドセット（growth mindset：成長志向）に基づく学びが、急速に学校の支持を集めるようになっている。

探究的な学習をするにせよ、協働的な学習をするにせよ、まずは学習者一人ひとりが、「やればできる」「自分にはやり抜く力がある」「自分には成長できる力がある」という高い自信と自尊感情をもって、自己成長を実感しながら目標達成や課題解決に取り組めば、多くの成功を収めることができるという考え方である（ドゥエック、2016）。

この理論が提唱するように、なぜ、学習者一人ひとりが「もっと成長しよう」という強い意識をもって探究的な学習に取り組むことが大切であるかといえば、それは、基礎・基本の知識・技能を学ぶ習得学習や既習の知識・技能を活用して課題解決を図る活用学習と比較して、探究的な学習がより高度な課題解決に生徒が取り組むことを求めてくるからである。そうなると当然のこととして、探究的な学習が生徒に求める資質・能力もより高度な思考力・判断力・表現力になってくるからである。

生徒たちが、自己成長することによってより高度な資質・能力を身に付けて、より高度な課題解決に取り組もうとしなければ、いつまでたっても探究的な学習は成立しないだろう。

2. 21世紀に必要な資質・能力の育成

こうしてみてきたように、これからの探究的な学習を構想するときには、特徴的な学習活動や探究のサイクルモデルを考える前に、生徒が身に付けるべき資質・能力とは何かについて、しっかりとバランスよく検討していくことが必要である（詳細は、田中、2017bの第2章参照）。

（1）OECDのDeSeCoが提案するキー・コンピテンシー

　まず、最近特に注目されるようになってきたOECDのDeSeCoのキー・コンピテンシーという能力観についてみてみよう。このDeSeCoが提案するキー・コンピテンシーという21世紀型能力は、実際に国際学力調査であるPISA調査として具体化されて、世界中の国と地域の子どもたちの学力評価指標として活用されるようになっている。

　21世紀型能力としてPISA型読解力が提起されるようになった背景には、OECDのプロジェクト、DeSeCo（コンピテンシーの定義と選択：Definition and Selection of Competencies）の理論的な基盤があったのである。このDeSeCoプロジェクトは、OECDが1997年に開始し主体となりながらもスイス連邦統計局が実質的な理論化の作業をリードし、12カ国の参加国からの提案や調査結果をまとめ上げ、2003年に刊行した最終報告書によって、その理論構築を完成したものである。

　DeSeCoプロジェクトのねらいは、この21世紀社会における継続的な経済成長と自然・社会環境と人類との共生を調和させるために、教育の経済的社会的効果を上げることが必要であるとの認識に基づいて、これからのグローバル社会で必要となる人的資本を客観的に評価する指標（国際比較指標）を開発することであった。

　そのような認識の背景には、従来の教科学習でもたらされる伝統的な能力は、近代社会における経済的・社会的成功に役立つとしても、これからの21世紀社会においては必ずしも人間の発達や社会・経済の調和的な発展にとって十分な教育的成果をあげないのではないかという疑いがあったのである。

　そこで、OECDは1999年にスイスで第1回のDeSeCoシンポジウムを立ち上げ、次のような問題意識のもとに、教育学者だけでなく、人類学者、経済学者、心理学者、そして社会学者等が集まって、これからの21世紀社会に求められる新しい人間の諸能力についての枠組みを構築したのである。

> 「読み、書き、計算することとは別に、どのような他の能力が個人を人生の成功や責任ある人生へと導き、社会を現在と未来の挑戦に対応できるように関連づけられるのか?」(ライチェン他、2006、p.11)

　では、このDeSeCoのコンピテンシーモデルの具体的な領域と能力項目を紹介したい。それは、次のような3領域から構成されている(ライチェン他、2006、pp.210-218)。

[DeSeCoのコンピテンシーモデル]

カテゴリー1:相互作用的に道具を用いる
　　コンピテンシー1A　言語、シンボル、テキストを相互作用的に用いる能力
　　コンピテンシー1B　知識や情報を相互作用的に用いる能力

カテゴリー2:異質な集団で交流する
　　コンピテンシー2A　他人といい関係を作る能力
　　コンピテンシー2B　協力する。ティームで働く能力
　　コンピテンシー2C　争いを処理し、解決する能力

カテゴリー3:自律的に活動する
　　コンピテンシー3A　大きな展望の中で活動する能力
　　コンピテンシー3B　人生計画や個人的プロジェクトを設計し実行する能力
　　コンピテンシー3C　自らの権利、利害、限界やニーズを表明する能力

---

(2) PISA型読解力

　このキー・コンピテンシーの学力モデルのカテゴリー1Aに属しているのが、PISA型読解力である。

　PISA型読解力は、原語では、Reading Literacyであり、「自らの目標を達成し、自らの知識と可能性を発達させ、効果的に社会に参加するために、書かれたテキストを理解し、利用し、熟考する能力」と定義されている。そして、その具体的な能力領域として、次のような4つが設定されている。

```
[PISA型読解力の項目]
① 情報の取り出し
② 解釈
③ 熟考
④ 評価
```

　文部科学省では、PISA型読解力の特徴を、次の4点に集約している。

```
[PISA型読解力の特徴：文部科学省による解釈]
① テキストに書かれた「情報の取り出し」だけはなく、「理解・評価」（解釈・熟
　 考）も含んでいること。
② テキストを単に「読む」だけではなく、テキストを利用したり、テキストに基づい
　 て自分の意見を論じたりするなどの「活用」も含んでいること。
③ テキストの「内容」だけではなく、構造・形式や表現法も、評価すべき対象とな
　 ること。
④ テキストには、文学的文章や説明的文章などの「連続型テキスト」だけでなく、
　 図、グラフ、表などの「非連続型テキスト」を含んでいること。
```

（3）イギリス、カナダ、オーストラリア、米国の提案

　さらにイギリスでは、2001年9月から試行された新しいナショナルカリキュ
ラム（日本の学習指導要領にあたる）において、「キースキル」と呼ばれる問題解
決的な能力の育成を明記している。具体的には、次のような6つの力が提案され
ている。

```
① 数の応用力
② コミュニケーション能力
③ 情報活用能力
④ ティームワーク力
⑤ 自己改善力
⑥ 問題解決力
```

イギリスでは、こうした力を教科学習及び教科横断的な学習の中で積極的に育成しようとしている。さらに、注目すべきことは、このような実践スキルを中等学校の中間・期末考査において実技テストを通して評価し、その得点を大学入試の得点に加算する方式を採用したことである。つまり、学校での定期考査と大学入試のシステムを、21世紀型学力に対応させて改革したのである。

　一方、カナダでも同様の提案がなされている。カナダでは、行政と大学、企業が共同研究をして、「就職保障スキル（employability skills）」と呼ばれる21世紀型の新しい能力の育成に積極的に取り組んでいる。

　この研究組織（The Conference Board of Canada）は、次のような11の力をこれからの社会を生き抜いていく上で重要な力として提案した。そして、このような力を育てるためのカリキュラムや教材の開発が積極的に行われているのである。

[基本的スキル]

① コミュニケーション能力

② 情報活用能力

③ 数の活用能力

④ 問題思考・解決力

[自己マネジメントスキル]

⑤ 肯定的な態度と行動力

⑥ 責任感

⑦ 適応力

⑧ 継続して学習する力

⑨ 安全に働く力

[ティームワークスキル]

⑩ 他者と働く力

⑪ プロジェクトや課題に参加する力

一方、オーストラリアのクイーンズランド州教育省では、クイーンズランド大学のアラン・ルーク教授を理論的なリーダーとして迎えて、より体系的に21世紀型学力を定義している。変革のポイントとして注目すべきことは、① 2010年までに大学進学率と中等教育における基礎学力を先進国並に引き上げること、そして、② 教科横断的なプロジェクト学習を2003年度から州内のすべての初等・中等学校で実施して、21世紀に対応する「新しい基礎学力」を育てるということである。

　「新しい基礎学力」とは、21世紀の予測不可能な時代を生き抜くために必要な資質・能力のことで、The New Basicsと呼ばれている。この「新しい基礎学力」には、次のような項目が含まれている。

領域1．人生の経路と社会の未来

「私は誰なのか、そしてどこへ行こうとしているのか？」

- ・多様な家族関係に生き、そしてそれに備えること
- ・友だちや他者と共同すること
- ・健康を保ち、自己を大切にすること
- ・新しい職業や職種について学び、それに備えること
- ・主体性と企画力を身につけること

領域2．総合的リテラシーとコミュニケーションメディア

「世界をどのように理解し、それとどのようにコミュニケーションを図るか？」

- ・伝統的なメディアと新しいメディアを組み合わせて用いること
- ・創造的な判断を行い、自己表現に取り組むこと
- ・複数の言語と異文化に関する理解を用いてコミュニケーションを図ること
- ・言語能力と数的能力をマスターすること

領域3．積極的な市民性

「地域社会、文化圏、そして経済圏の中での自己の権利と責任は何か？」

- ・地域社会や国際社会において相互作用を図ること
- ・変容する文化的自己意識においてうまく生きること

・地域的かつ国際的な経済力について理解すること

・社会運動や市民団体の歴史的基盤を理解すること

領域4．環境とテクノロジー

「身の回りの世界をどう記述し、分析し、そして形成するか?」

・世界についての科学的な理解を身につけること

・デザインと工学のテクノロジーを用いて仕事をすること

・環境を作りそれを維持すること

以上のような4領域16項目からなっている。

では最後にアメリカで提案されている、21st Century Skillsについて紹介しよう。

アメリカでは、民間企業と非営利の教育機関が共同で設立した、21世紀スキル・パートナーシップ (Partnership for 21st Century Skills) という団体が、21世紀社会に必要な知識（教科）とテーマ、そしてスキルと支援システムのガイドラインを設定し、全米の学校や大学の教育の改善のために活発な活動を行っている。

この団体の方針は、これまでの学校教育が担ってきた3Rs（読み・書き・計算と基礎的な教科的知識）だけではなく、21世紀社会で必要な4Cs（批判的思考と問題解決：Critical thinking and problem solving、コミュニケーション：Communication、共同：Collaboration、創造性と変革：Creativity and innovation）の育成を行うことが重要であるとしていることに特徴がある。

参加している企業や非営利の教育機関には、アップル、マイクロソフト、インテル、シスコシステムズなどのIT企業から、大手の出版社、フォード財団、さらに全米教育協会（National Education Association）等があることからも、この団体がアメリカで大きな影響力を持っていることがわかる。

では、21世紀スキル・パートナーシップが提唱している21世紀型の学際的な教育テーマとスキルについて紹介しよう。

[21世紀型学際的テーマ]

・地球規模の認識（Global Awareness）
・金融、経済、ビジネス、起業に関わるリテラシー（Financial, Economic, Business and Entrepreneurial Literacy）
・公民的リテラシー（Civic Literacy）
・健康リテラシー（Health Literacy）
・環境リテラシー（Environmental Literacy）

[21世紀型スキル]

A 学習と変革のスキル

① 創造性と変革
　・創造的に思考する
　・他者と創造的に仕事をする
　・変革を実践する

② 批判的思考と問題解決
　・効果的に推論する
　・システム思考を使う
　・判断と意思決定を行う
　・問題を解決する

③ コミュニケーションと共同
　・明瞭にコミュニケーションをする
　・他者と共同的に仕事をする

B 情報、メディア、テクノロジーのスキル

① 情報リテラシー
　・情報にアクセスし評価する
　・情報を使い管理する

② メディアリテラシー
　・メディアを分析する
　・メディア作品を作る

③ ICTリテラシー
　・テクノロジーを効果的に応用する

C 人生とキャリアのスキル

① 柔軟性と適応性
　　・変化に対応する
　　・柔軟である
② 率先垂範と自主性
　　・目標と時間を管理する
　　・自律的に仕事をする
　　・自主的な学習者になる
③ 社会的・異文化的スキル
　　・他者と効果的に相互作用をする
　　・多様なティームで効果的に仕事をする
④ 生産性と説明責任
　　・プロジェクトを管理する
　　・成果を生み出す
⑤ リーダーシップと責任
　　・他者をガイドしリードする
　　・他者に対して責任ある行動を取る

　21世紀スキル・パートナーシップが提唱しているスキルも、イギリスや
OECD、そしてオーストラリアで提唱されているスキルと共通性が高いことが
わかる。

3. 学習指導要領の改訂と探究型科目・領域の創設

　新しい高等学校学習指導要領で、これからの高等学校の授業改善のキーワード
が「主体的・対話的で深い学び」になったことは周知の通りである。しかも、ほ
ぼ10年サイクルで改訂される学習指導要領の今回の改訂の本丸は高等学校での
授業改善であった。
　そこで、文部科学省では、これまで、高等学校の総合的な学習の時間の目標
や理科に含まれる科目群のそれぞれに「探究」や「探究活動」を位置づけていた
ことを発展させ、多くの科目において学習指導要領の記述に「探究」という授業

改善のキーワードを入れるとともに、「探究」を科目名に組み入れた新科目を、「古典探究」「地理探究」「日本史探究」「世界史探究」「理数探究基礎」「理数探究」というように6つも設定したのである。しかも、総合的な学習の時間の名称にも「探究」を入れて名称変更し、「総合的な探究の時間」に変更している。

　このことから、戦後一貫して授業改善が進まずに、特に5教科においては、共通1次試験やセンター試験などの大学入試が、受験生が暗記している知識の量と正確さを測っていたことも理由となり、課題解決的な学習や探究的な学習が進まない状況が長年続いてきたのである。

　21世紀になって、海外の教育改革の潮流に遅れることのないように、今回の高等学校学習指導要領の改訂にかける文部科学省の熱意は相当のものであったと評価できるが、これまでも理科や総合的な学習の時間に「探究」というキーワードが入っていても、授業改善が進まなかったことを振り返るなら、必ずしも今回の改訂で、すべての高等学校の上記科目の授業で、「探究的な学習」が実施されるかどうかはまだ楽観できないだろう。

　こうした「探究科目」はほとんどが選択科目であり、高校2年生以上での履修となるが、1年生の必修科目においても科目名に「探究」が入っていなくても、例えば、「地理総合」や「歴史総合」には、「探究」というキーワードが複数箇所で入っている。また、理科の諸科目においてもこれまで同様に、「探究」のための生徒主体の実験や観察を中心にした小単元が複数設定されている。さらに、数学Ⅰなどでは、「統計的探究プロセス」という新しい授業づくりのキーワードが入っていることも大きく注目すべき改訂ポイントとなっている。

　このようにしてみてみると、高等学校においては、「探究的な学習」こそが、今回の学習指導要領改訂の中心的なキーワードであり、「主体的・対話的で深い学び」の総称として用いることによって、一層の授業改善の質を上げることができるようになっていることを高く評価したい。

　本書は、そうした新しい学習指導要領の改訂の趣旨を生かした、これからの各科目・領域での「探究的な学習」の授業モデルを提案することをねらいとしている。

4. 高等学校の探究的な学習のねらいと特徴

　科目・領域名に「探究」というキーワードが入ってきたといえば、もう一つ忘れてはならないのが、「総合的な探究の時間」という名称変更された新しい領域である。

　「学習」というキーワードが、「探究」というキーワードに差し替えられた理由を、中央教育審議会の答申では、次のように述べている。

> 平成28年12月の中央教育審議会答申において「高等学校においては、小・中学校における総合的な学習の時間の取組の成果を生かしつつ、より探究的な活動を重視する視点から、位置付けを明確化し直すことが必要と考えられる」とされたことを受けたものである。

　具体的には、「総合的な探究の時間」で行われる探究は，基本的に以下の三つの点において他教科・科目において行われる探究と異なっているとされている（高等学校学習指導要領解説【総合的な探究の時間編】、p.10）。

> 　一つは、この時間の学習の対象や領域は、特定の教科・科目等に留まらず、横断的・総合的な点である。総合的な探究の時間は、実社会や実生活における複雑な文脈の中に存在する事象を対象としている。
> 　二つは、複数の教科・科目等における見方・考え方を総合的・統合的に働かせて探究するという点である。他の探究が、他教科・科目における理解をより深めることを目的に行われていることに対し、総合的な探究の時間では、実社会や実生活における複雑な文脈の中に存在する問題を様々な角度から俯瞰して捉え、考えていく。
> 　そして三つは、この時間における学習活動が、解決の道筋がすぐには明らかにならない課題や、唯一の正解が存在しない課題に対して、最適解や納得解を見いだすことを重視しているという点である。

　このような新科目の特徴づけを受けて、「総合的な探究の時間」で生徒が取り組む探究的な学習のモデルを次のように図示した（同上、p.12）。

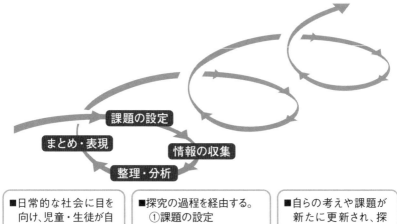

■日常的な社会に目を
向け、児童・生徒が自
ら課題を設定する。

■探究の過程を経由する。
①課題の設定
②情報の収集
③整理・分析
④まとめ・表現

■自らの考えや課題が
新たに更新され、探
究の過程が繰り返さ
れる。

①～④の４つの探究活動の特徴は、次のように特徴づけられている。

　生徒は、①日常生活や社会に目を向けた時に湧き上がってくる疑問や関心に基づ
いて、自ら課題を見付け、②そこにある具体的な問題について情報を収集し、③そ
の情報を整理・分析したり、知識や技能に結び付けたり、考えを出し合ったりしな
がら問題の解決に取り組み、④明らかになった考えや意見などをまとめ・表現し、
そこからまた新たな課題を見付け、更なる問題の解決を始めるといった学習活動を
発展的に繰り返していく。要するに探究とは、物事の本質を自己との関わりで探り
見極めようとする一連の知的営みのことである。
　探究においては、次のような生徒の姿を見いだすことができる。事象を自己の在
り方生き方を考えながら捉えることで、感性や問題意識が揺さぶられて、学習活動
への取組が真剣になる。自己との関わりを意識して課題を発見する。広範な情報
源から多様な方法で情報を収集する。身に付けた知識及び技能を活用し、その有
用性を実感する。議論を通して問題の解決方法を生み出す。概念が具体性を増して
理解が深まる。見方が広がったことを喜び、更なる学習への意欲を高める。このよ
うに、探究においては、生徒の豊かな学習の姿が現れる（同上、p.12）。

ただし、このように4つの探究活動を含む「探究の過程」として定義された探究的な学習のサイクルモデルは、課題解決的な学習の基本型を示しているという意義があるとはいえ、次のような教育上の3つの問題点を含んでいる。

【「総合的な探究の時間」における探究の過程の問題点】

① 生徒による自己評価と相互評価等の学習評価を組み入れていない探究のモデルでは、学習改善が十分に行われないままになる。総合的な探究の時間では、未解決の課題や解決方法が明らかになっていない課題を、生徒の自律的・主体的な試行錯誤を通して探究していくことから、生徒が自らの学習の状況を振り返って協働的に解決することが不可欠である。

② 総合的な探究の時間の学習が、教科・領域の学習と異なるところは、学習課題や学習内容の総合性・広汎性にあるだけではない。教科・領域では時間的にも目標設定の点からも十分に設定しにくい、ボランティア活動や広報活動、多様な体験活動、ものづくり活動、模擬的活動などの実践活動を多様に組み入れて、そこから多様な気付きを生み出すとともに高度な資質・能力を身に付けることにある。そうした教育的意義の高い実践活動を探究のステップモデルに入れなければ、これまでの社会科や理科における調査研究型の課題解決的な学習の域を超えることができない（田中、2000）。

③ 総合的な探究の時間において生徒が追究する探究課題は、実社会における最先端の人類的諸課題である。したがって、どの生徒も自ら設定した探究課題を抽象的で客観的な練習問題として他人事化してはならず、その解決において自分がどのように貢献できるかという視点をもっておくことが求められている。その意味で、学習の自分事化や探究課題、解決結果と自己の生き方との関わりを考え価値付けていくステップが不可欠である。この点が、社会科や理科のような先人がすでに解決した研究課題を追体験しながら客観的に学んでいく教科・領域における探究的な学習と大きく異なるところである。

　このような3つの新しい探究的な学び方の特色を生かした探究的な学習のモデルを次の第2章で提案し、第3章以降の実践事例に組み込んでいく。

5.「主体的・対話的で深い学び」との関わり

　先述のように、高等学校では学習指導要領の改訂に伴う授業改善のキーワードは「探究的な学習」になったが、小中高を一貫した改訂の趣旨は、「主体的・対話的で深い学び」の視点を生かした授業改善である。

　しかし、高等学校の先生方にとって、「主体的・対話的で深い学び」という新しい学び方が提唱されたとしても、その内実は何であるかについての具体的な理解は不十分であろう。そこで筆者の授業研究の成果を紹介したい。

　なお、新しい学習指導要領には、中央教育審議会で提唱されていた「アクティブ・ラーニング」という用語は入っておらず、ぎりぎり、学習指導要領解説【総則編】に記載が残されている程度である。

　したがってこれからは、「アクティブ・ラーニング」という授業づくりのキーワードはほぼ文部科学省では使われなくなり、その結果、都道府県・市町村教育委員会でも使用しなくなるだろう。

　筆者（2017）は、「主体的・対話的で深い学び」の学び方の特徴を、**表1**のような項目で整理している。ここでは、それぞれの学びの在り方に12項目の具体的な学びの姿を位置づけて整理している。

　これから高等学校で推進していく「探究的な学習」は、まさにここで例示したような学びの姿を生徒が表すことができるように授業を行うことが不可欠であり、「主体的・対話的で深い学び」とほぼ同義であると考えてよい。

　もちろん、「探究的な学習」は通常の一斉指導や講義式の授業よりも授業時間が多く必要となるために、各科目に与えられているすべての授業時間において、それを実施することは現実的ではない。したがって各科目において、1学期に1単元か2単元を重点単元として設定して、その中で単元に充てる授業時数を2時間程度増設して、「探究的な学習」を実施することが望ましい。そうした重点単元を設定することこそが、高等学校のカリキュラム・マネジメントなのである（田中、2017a）。

視点	場面	主な特徴
主体的な学び	設定	・学習課題や学習問題を自ら発見・設定する。 ・問題解決や創作表現に必要な学習プロセスを、自分で設定する。 ・課題解決に込められた意義や価値を自ら認識・自覚し、解決過程に生かす。
	解決	・自ら資料収集やアンケートをしたりインタビューをしたりして学びに生かす。 ・自分のアイデアや考え、質問を積極的に出して課題の解決に貢献する。 ・このような活動をすればもっとよい学習になると、活動の提案をする。
	表現	・効果的な表現方法を提案したり考案したりする。 ・リーダーシップを発揮して、グループの発表活動をマネジメントする。 ・課題解決の成果を整理・要約して、わかりやすく表現する。
	評価	・振り返りを自分の言葉で書いたり発表したりする。 ・評価規準を自ら設定し、自己評価に生かし学びを改善する。 ・自己の学習状況を振り返り、多面的な自己評価をする。
対話的な学び	設定	・問題解決や創作表現に必要な学習プロセスを、友だちと話し合って設定する。 ・グループで役割分担を決めて、話し合いを通して学習計画を作成する。 ・どのような学習課題にすればよいか、クラスで話し合って決定する。
	解決	・グループ内で多様な意見やアイデアを出し合い、学び合いや合意に生かす。 ・課題解決のアイデアや方法を、グループでの対話を通して豊かに出し合う。 ・友だちのよさを認め合い、励まし合って支え合う集団をつくる。
	表現	・地域の人や保護者との対話を通して、自己の学びを深める。 ・よりよい発表内容や発表方法について、グループで活発に意見を出し合う。 ・グループで協力して発表したり討論したりする。
	評価	・友だちの学びを高めるアドバイスや肯定的な相互評価をし合う。 ・友だちとの考えの相違点を認め合い、そのよさを生かし合う。 ・グループ間交流をして、お互いの学びを深め合う。
深い学び	設定	・既有知識を生かして課題を設定する。 ・自分の仮説を図や文章で書いて発表する。 ・これまでの学習を生かして、解決の見通しをもつ。
	解決	・豊かな発想をもとにブレーンストーミングをして思考を深め文章化する。 ・資料を比較しながら原因を探ったり考察をしたりする。 ・「なぜだろう？」「どうしてだろう？」と自ら問い、疑問を持つようにする。
	表現	・既有の知識・技能を活用して、個性的で新しい表現をする。 ・思考や表現をより高いものに練り上げる。 ・理由や根拠を示して、筋道の通った説明をする。
	評価	・既存の情報や資料の背景や出典、根拠などを批判的に検討する。 ・ルーブリックを活用したり作成したりして、自らの資質・能力を高める。 ・既有の知識・技能を活用して、根拠の明確な考察ができているか振り返る。

表1：「主体的・対話的で深い学び」の具体的な活動例（田中、2017年 a）

6. 探究的な学習の定義と10個の特徴

　それではここで、探究的な学習の定義を以下のように提案したい。この定義では、探究的な学習は基本的に課題解決的な学習であることを示すとともに、その解決のために主体的・協働的に追究して探究力を身に付けることをねらいとすることを明示している。また、その結果として自己成長をうながすことも大切なねらいとして設定している。

> 定義　生徒自ら探究課題を設定し、主体的・協働的に課題を解決して自己成長につなげ多様な探究力を身に付ける課題解決的な学習

　さらに、以下のような探究的な学習の10個の特徴を設定したい。この中から実際には、3個から5個の特徴を授業に取り入れることで、たんなる調べ学習が深い学びとしての探究的な学習に発展していくのである。

① 問題意識を持ち自ら問いを設定する
② 自律的な学習を行う
③ 課題解決や仮説検証を行う
④ 主体的な資料の探索と検証をする
⑤ 多様な学び方を学ぶ
⑥ 概念化と具体化の往復をする
⑦ 自己や社会と関連づけて価値付ける
⑧ 自己修正、自己評価、学習改善をする
⑨ 自己形成、自己成長を推進する
⑩ 新しい探究課題を設定する

―――参考文献―――
・田中博之『アクティブ・ラーニング「深い学び」実践の手引き』教育開発研究所、2017年a。
・田中博之『改訂カリキュラム編成論』放送大学教育振興会、2017年b。
・キャロル・ドゥエック『マインドセット』草思社、2016年。
・ドミニク・S、ライチェン他著『キー・コンピテンシー』明石書店、2006年。
・田中博之編著『総合的な学習を創る』（第1巻～第6巻）明治図書出版、2000年。

第2章 探究的な学習の理論モデル

田中 博之

1. 探究的な学習の理論モデルの整理

　では、本章でより具体的に探究的な学習の特徴について、解説していくことにしよう。まずこれまでに提案されてきた探究的な学習の理論モデルを紹介し、それぞれの特徴を見ていく。

　初めに紹介するのは、カナダで国際バカロレアのワークショップリーダーを務めているAlison Camireが、Kathy Shortの理論モデルを援用して作成した「探究サイクル」である。この理論モデルには、①関連づけ（Connection）、②招待（Invitation）、③緊張（Tension）、④調査（Investigation）、⑤発表（Demonstration）、⑥修正（Revision）、⑦公表（Representation）、⑧価値付け（Valuation）、⑨新しい発想（Fiction）という9つのステップが含まれており、この中で修正（Revision）と価値付け（Valuation）の段階が含まれていることが参考になる（Davidson、2009）。

　なぜなら、前者は、生徒による探究をやりっ放しにせずよりよいものへ改善するよう推奨することになるし、後者は探究をしたことの自分と社会への意義や価値を生徒が認識することで探究的な学習を主体的に進めていくことができるようになるからである。

　次に、オーストラリアの教育学者であるKath Murdock（2015）が提唱する「探究の旅をデザインするモデル」を紹介しよう。このモデルには、中心に「研究、協働、対話、思考、自己マネジメントのスキルと態度の育成」という円を描き、その周りに、①導入（Tune in）、②発見（Find out）、③整理（Sort out）、④発展（Go further）、⑤省察と行動（Reflect and Act）という5つのステップを置いていることが特徴になっている。さらに、それぞれのステップには詳細な活動例と生徒がもつべき問いの例示を具体的に書き出していることが参考になる。

　これら2つの理論モデルを代表として、今日数多くの探究サイクルが提案されているが、どの理論モデルにも共通している特徴は、生徒が主体的に問いや疑問を発して追究を進めて行けるように、問いや疑問の例示をするとともに、省察（Reflection）という活動を大切にしていることである。

　生徒による問いや疑問の形成といっても、探究的な学習の開始時点での探究課

題づくりの段階に限定せず、全ての探究の過程を通して、よりよい探究的な学習を主体的に創り出すための問いづくりを推奨している。

以上の先行理論の特徴を参考にして、次に筆者の理論モデルを提案する。

2. 探究的な学習の学習モデル ── 8ステップ5コアモデルの提案

では、高等学校の授業で探究的な学習を実践する上で参照して欲しい活動系列モデルを提案したい。この理論モデルは、高等学校の各教科・領域の特性を組み入れずに、教科横断的で汎用的な単元レベルの活動系列モデルを提供している。したがって、教科特性を反映した各教科固有の特色ある学習活動については、次節を参考にしてほしい。

探究的な学習の骨格を作る理論モデルとして、活動系列モデル（単元モデル）が最も大切な理由は、探究的な学習が課題解決的な学習の一つだからである。生徒たちが課題を設定してその解決のために主体的・協働的に課題を追求していくことを特徴とする学習を規定するには、課題設定から課題解決に至る複数のステップを明確に定めることが不可欠だからである。

図が、本書で提案する探究的な学習の活動系列モデルである。

前節で解説したいくつかの先行理論をふまえて、新しい高等学校学習指導要領の趣旨を生かした、これからの高校生のための探究的な活動系列モデルである。およそこのモデルに沿って、それぞれの教科・領域での探究的な学習が実践さ

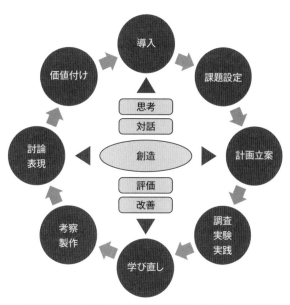

図：探究的な学習のための活動系列モデル（田中作成）

れることを期待したい。この8ステップ5コアモデルに基づく探究的な学習に
しっかりと取り組めば、これからの社会を創り、未知の多くの問題を解決してい
くたくましい資質・能力が身に付くことだろう。

　また、表1は、この8ステップ5コアモデルの特徴を具体的に整理して示した
ものである。

	名称	関連項目	特徴	資質・能力
8ステップ	①導入	・問題意識と目的の確認 ・基礎体験、資料読解	基礎的な体験や基礎的な資料読解を通して問題意識をもつとともに、探究的な学習の目的を確認する。	・問題意識、目的意識 ・資料読解力
	②課題設定	・探究課題の設定 ・目標設定	既習の知識を活用しながら、探究課題と学習目標を主体的に設定する。	・課題設定力 ・目標設定力
	③計画立案	・探究過程の計画 ・役割分担	探究の過程を計画するとともに、そこに含まれる具体的な役割分担を行う。	・計画立案力 ・役割設定力
	④調査、実験、実践	・情報収集、資料収集 ・データ整理	探究の中心的な活動である調査、実験、実践をグループで協働的に実施する。	・情報収集力 ・計画実践力 ・実験観察力 ・仮説検証力
	⑤学び直し	・知識の再確認 ・情報の再整理	探究の不十分な所がないか中間評価を行い、知識不足があれば既習内容を学び直して学びを再構築する。	・知識習得力 ・再構築力
	⑥考察、製作	・発表作品づくり ・討論資料の作成	得られた情報や資料、データに基づいて、多面的・多角的に考察し、発表・討論のための資料を作成する。	・作品製作力 ・分析考察力
	⑦討論、表現	・自己主張 ・意見交流	主体的・協働的に実施した探究活動の成果に基づいて、自己主張や意見交流のための討論や発表を行う。	・自己表現力 ・討論力
	⑧価値付け	・自己成長の確認 ・探究成果の確認	探究的な学習の成果と課題を明らかにするとともに、自己成長に対する価値や学術的価値を吟味する。	・自己成長力 ・学習評価力

5コア	A 思考	・熟考、形成、判断	8つの探究ステップのそれぞれにおいて、真偽の判断、分類、構造化、意見形成などの思考活動を行う。	・思考力 ・判断力 ・意見形成力 ・熟考力
	B 対話	・合意形成、深化	8つの探究ステップのそれぞれにおいて、合意形成や学習内容の深化のために、対話的な活動を行う。	・コミュニケーション力 ・合意形成力 ・深化力
	C 評価	・進行状況のモニター	8つの探究ステップのそれぞれにおいて、目標に沿った活動が行われているかどうかをメタ認知する。	・自己評価力 ・メタ認知力 ・相互評価力
	D 改善	・修正、練り上げ	8つの探究ステップのそれぞれにおいて、よりよい活動になるように常に改善案を出して実行していく。	・学習改善力 ・自己改善力
	E 創造	・発見、発明、想像	思考・対話・評価・改善という4つのコア活動を統括して、新しい着想やアイデア、解決策を発出し続ける。	・発見力 ・発明力 ・発想力 ・想像力

表1：探究的な学習のための活動系列モデルの特徴（田中作成）

この活動系列モデルには、次のような5つの特徴が込められている。

1つめの特徴は、中央に「創造」という最重要のコア活動を入れることによって、探究的な学習がたんに「調べてまとめて発表する」という既存の知識を要約・整理するだけの活動ではなく、新しいアイデアや問題の解決策を生み出そうとする創造的な態度の育成をねらいとしていることを明示したことである。

2つめの特徴は、中央の「創造」に加えてさらに4つのコア活動を置いた合計5つのコア活動によって、探究的な学習の8つの活動ステップをマネジメントしながら、クオリティーの高い探究が行われるようにしたことである。

コア活動を置くことが大切な理由は、特に「思考」や「対話」「評価」「改善」といった探究に不可欠な活動は、探究の過程のどこか一つのステップに入れるよりも、探究の全ての過程に関わって、それぞれの過程を作り出し、それらを常に修正・改善し続けるようにした方が、より質の高い学習になると考えたからである。

その中でも特に、「評価」と「改善」という２つのコア活動が大切である。

　「評価」は、これまではほとんどの場合に、探究的な学習の最終場面で振り返りとして位置づけられていた。しかしそうした限定をかけてしまうと、学習の中間評価によってさらに質の高い学習に高めることができなくなるし、また、より質の高い探究課題の設定や考察の練り上げ、発表資料のバージョンアップにしっかりと取り組もうとしなくなることが心配されるのである。

　また、「改善」をコア活動に位置づけた理由は、すでに述べたように改善を全ての過程できめ細かく行うことが、生徒が取り組む探究を全体として質の高い学習に練り上げていくことを可能にすると考えたからである。

　３つめに、８つの活動ステップの中に、「学び直し」を位置づけたことがこの活動系列モデルの大きな特徴になっている。これは、本章の１節で取り上げたどのIBLモデルにも組み込まれていないオリジナルなステップである。

　実際に、高等学校で取り組まれている探究的な学習の様子を観察すると、探究のそれぞれのステップが浅いレベルに留まっているときには、生徒の誤概念や知識の不足と不確実さが原因となっていた。

　そうした失敗事例に学ぶことによって、「学び直し」という、探究の過程で基礎的な習得の学びに戻るステップを入れることにしたのである。

　４つめの特徴は、第８ステップの「価値付け」の中に、「自己成長の確認」という項目を入れたことである。これは、前出のKathy Shortによる理論的提案と同一の主張点である。

　つまり、探究的な学習を何のために行うのかという問いに対する一つの答えは、「探究する自己」としての生徒が探究の過程で多くの重要な資質・能力を身に付けて自己成長を果たすことと考えている。つまり、探究による自己成長をしっかりと自覚することが、自分への自信と自尊感情を高め、次に取り組む新しい探究的な学習への学習意欲の向上につながるのである。

　最後に、５つめの特徴として、第４ステップに、「実践」というキーワードを入れたことである。これは、日本の教科学習では難しいことであるが、「総合的な探究の時間」で実施するボランティア活動や広範囲な広報活動、模擬的活動、就業体験活動などの体験的な活動を意味している。

これまでに提案されてきた、探究的な学習（IBL）の学習モデルが、社会科や理科のような調査研究型の探究に偏りがちであったことを反省するとともに、日本の「総合的な探究の時間」における課題研究や課題解決的な学習の支援モデルとなることをねらいとしている。

「社会を創る探究」や「未来の問題を解決する探究」をねらいとするならば、こうした実践的な活動を組み入れることは必須であると考えている。

3. 探究的な教科学習における特徴ある学習活動

次に、それぞれの教科の特性をふまえた探究的な学習の特徴をみていくことにしたい。ここでは、各教科における探究的な学習の授業づくりが可能となるように、特徴的な学習活動を例示的に提案する。

それぞれの教科の特性を明らかにするためには、次のような3つの公的資料を参照することが大切である。

---

① 中央教育審議会答申（平成28年12月告示）の別添資料1～18
② 高等学校学習指導要領（平成30年3月告示）
③ 高等学校学習指導要領解説（各教科・領域編）（平成30年告示）

特に上記資料①は、学校においてはほとんど参照されていないが、各教科の特性を生かした「育成を図る資質・能力」「学習過程のイメージ」「小中高校の系統性」「見方・考え方のイメージ」などの豊富な資料が入っているので、まさに探究的な教科学習の特徴がよくわかるようになっている。

なお、上記の資料は全て文部科学省のウェブサイトにて公開されているので、ダウンロードして活用したい。

以下に各教科の特性を生かした探究的な学習の学習活動を例示する。あくまで例示であるが、各教科に4つずつの学習活動をあげてみた。これらの項目は、上記の3つの参照資料から各教科に固有のキーワードを取りだして、それを組み込んで文章化したものである。

こうした手順を踏めば、各学校においても自校の探究的な教科学習の学習活動のリストを作成することができるのでお薦めしたい。

さらに探究的な教科学習にふさわしい学習活動を作成するときに、参照して欲しい目標作りの4つの観点がある。それは、①教科特性の活用、②見方・考え方の活用、③深い学びの実現、④不足点の補償、という4つの観点である。これら4つの観点を生かすことによって、探究的な教科学習がたんに「調べてまとめて発表する」という単調な活動や教科書と資料集を要約して終わりという「浅い学び」にならないように工夫できるのである。

この中で、特に、④不足点の補償という観点をあげた理由は、探究的な教科学習においては不可欠であるが、これまでの高校教育の慣習としてその教科ではあまり行われてこなかった学び方を強調しておくためである。

【国語科】

①主張、根拠、論理性、反論への防衛を明確にした創作表現をする

②言葉の意味や用法を深く吟味して、文章の推敲や練り上げに取り組む

③表現活動を通して読みの深化をさせる

④調べ学習の成果を組み入れて自分の意見の根拠を明確にする

【地理歴史科（地理分野）】

①地理情報システムのビッグデータを用いて仮説検証したことを表現する

②地理的条件を基づいて地域の人間の営みを多面的に考察して表現する

③多様な資料を比較検討して、概念を活用して地理的事象を説明する

④地域間の結びつきや相互依存関係を、主題を決めて資料から考察する

【地理歴史科（歴史分野）】

①概念を用いて歴史的事象の特徴や事象間の因果関係を考察する

②現代的な諸問題と歴史的事象の関連づけを考察する

③複数の立場や視点から一つの歴史的事象を多面的に考察し討論する

④主題を自ら設定して資料を収集して考察する

【公民科】

①多様な立場や価値観から社会的な問題を多面的に考察して討論する

---

②社会参画や合意形成を意図して、相手を説得するための議論を行う

③意見形成のための根拠となる資料を引用して表現する

④主権者としての自己の生き方を構想して現代社会の諸問題を考察する

【数学科】

①問題解決のための複数の別解を考案して証明する

②発展的な問いを主体的に設定して問題を解決する

③複数の知識を組み合わせて複雑な問題を証明する

④一人ひとりの証明をグループで相互に吟味して練り上げる

【理科】

①実験の計画を主体的に立案して仮説検証に取り組む

②物質構造モデルや物体運動モデルなどを活用して科学的に考察する

③自己の誤概念や知識不足を修正して考察を改善する

④発展的な実験を主体的に計画して取り組む

【外国語科】

①意見形成のための根拠となる資料を引用して表現する

②自分の主張点をよりよく伝える表現になるよう構成を再構築する

③主張、根拠、論理性、反論への防衛を明確にした創作表現を行う

④調べ学習の成果を組み入れて自分の主張点の根拠を明確にする

4. 探究課題と「深い問い」の設定

　探究的な学習においては、教科学習においても総合的な探究の時間においても、生徒に探究課題を立てさせる授業、いいかえるなら生徒の問いを軸にした授業を行うことがある。

　高校生になれば、中学校までに各教科の基礎的・基本的な知識・技能を身に付けているし、そうした知識・技能の基盤がある程度できていることから、学習課題や研究的な問いを立てる力も少しずつ育っている。また、それまでに教師が立ててきた学習課題や研究的な問いの例をかなりの量で記憶しているから、感覚的にであれ、それらの立て方のセンスもある程度は身についている。小学生のよう

に、「いつか？」「だれか？」「何人か？」といったすぐに資料や事典を見れば解決してしまう単純で浅い問いを作ることはなくなっている。

　ただし、高校生といえども、どの高校でもどの生徒でも、「深い問い」や「探究する価値のある課題」「検証に値する仮説」をすぐに立案できるわけではない。したがって、その過程で何らかの学習支援が必要になってくる。

　そこで、次のような問い作りの羅針盤や評価規準になる枠組みを提案したい。

【深い問いを作成するための評価規準】

① 資料や事典を見ればすぐに解決できる問いではない。

② これまでに学んだ知識を活用して探究する問いである。

③ 複数の知識や資料を組み合わせて解明できる問いである。

④ 多面的・多角的な考察をうながす問いである。

⑤ 原因や因果関係、与えた影響の解明をうながす問いである。

⑥ 理由や根拠を探し出すことを求める問いである。

⑦ 既有知識と新しい資料を組み合わせて考察する問いである。

⑧ 心情や事象を比較して考察する問いである。

⑨ 複数の知識や事実を組み合わせて抽象化や一般化を求める問いである。

⑩ 資料やデータに基づいて対象の規則性や法則を発見する問いである。

　これら10個の規準は、田中（2017）が提唱する「深い学びの技法」を参考にして作成している。「深い学びの技法」とは、新学習指導要領が求める「深い学び」を実現するために生徒が活用すべき学び方を整理したものであり、合計で20個の技法からなっている。

　つまり、探究的な学習における深い課題や問いを作成するためには、「深い学び」の特徴をとらえた上で、「深い学び」を生み出すことを求めたりうながしたりする問いの条件を考慮することが大切である。

　こうした「深い問い」を作るための規準や条件を生徒に示して、生徒自らが問い作りに取り組み、自分が立てた問いに向き合いよりよい問いになるように修正したり改善したりする練り上げをすることが大切になる。

　その際には、問い作りに困難を感じる生徒に、その単元の具体的な内容を組み

入れた「深い問い」の例示をしたり、問い作りのコツを学習の手引きに掲載して示したりすることも支援の一環として必要になる。

　また、一人で考えさせるのではなく、4名程度のグループで協働的に問い作りに取り組ませたり、各グループで立てた問いを発表させて相互に改善のためのアドバイスをさせたりすることも効果的である。

5. 生徒の探究力を育てる —— 7領域21項目モデルの提案

　次に、生徒に探究的な学習を通して身に付けさせたい資質・能力として7領域21項目からなる探究力という新しい能力モデルを提案したい。ここに挙げた項目は、筆者が提案する探究的な学習の活動系列モデルと対応しており、これまでの様々な理論提案や新学習指導要領の記述を総合的に検討して独自に作成したものである。学習目標を生徒が設定するときや、ルーブリックや生徒向けの「探究力アンケート」を作成するときにも参考になるだろう。

1　自分から進んで取り組む力（主体性）
①目標　自分にとってふさわしい目標や探究課題を決めて学習する。
②積極　グループやクラスでの話し合いの時に自分の考えや意見を積極的に出す。
③実行　探究計画に沿って進んで調査研究や創作表現、実践活動をする。

2　友だちと協力する力（協働性）
④対話　自分の意見やアイデアを友だちに納得してもらえるように説明し合う。
⑤協力　グループワークの時に、友だちと協力して課題やめあてに取り組む。
⑥改良　友だちのよいところやアドバイスを生かして、よりより考えや作品を作る。

3　自分らしく表現する力（創造性）
⑦発想　新しいアイデアや工夫はないかと、いつも自分で考える。
⑧個性　自分らしい考えを生かして文章を書いたり発表をしたりする。
⑨疑問　これまでの通説や定義、研究成果などを批判的に検討して疑問をもつ。

4　自分で決める力（自己決定力）

⑩思考　資料やデータに基づいて、自分で理由や根拠を深く考える。

⑪決定　どんな方法で学ぼうかどんな発表をしようかなど、自分の考えで決める。

⑫時間　時間をむだにしないように、自分で時間を決めたり計ったりして学ぶ。

5　問題を解決する力（問題解決力）

⑬解決　どうすればこの問題が解けるだろうかと、いろいろと考えを出す。

⑭活用　新しいことを学ぶ時に、これまでに習得した知識や技能を使う。

⑮調査　資料収集やアンケート、インタビュー、現地調査などをして調べる。

6　価値付ける力（価値付与力）

⑯定義　概念を定義して活用し考察や表現に生かす。

⑰意義　自ら設定した問題意識や探究課題の意義を明示する。

⑱価値　探究的な学習の成果と課題の研究上の価値や社会的な価値を明確にする。

7　自分を伸ばす力（自己成長力）

⑲改善　自分の学習の仕方を反省し、よりよい学習の仕方を考えて実践する。

⑳評価　自己評価と相互評価を通して、長所を伸ばし短所を改める。

㉑努力　自分の得意なことを伸ばし、苦手なことをなくすよう努力する。

6. 探究的な学習における生徒の個性の伸長

　探究的な学習を実践する意義として、私見ではあるが、ほとんど教育界では指摘されていない点をここで強調しておきたい。それは、探究的な学習で発揮される生徒の個性や自分らしさである。オリジナルな自己主張といってもよいし、自分なりの意見表明といいかえることもできるだろう。高校生だからこそ、小学生や中学生とは異なり、それなりの知識や技能を獲得しているし、世界の動きや政治経済の裏側の大人社会の事情もわかり始めている。

　それとは逆に、自分なりの価値観を持ち始めて、政治の在り方にも一家言持つようになってくる。かなり少なくなっているとはいえ、青年期特有の批判精神をもったり世の中の伝統や慣習を疑ったり、自分の個性を認めてもらいたくて

ユニークな自分であることを表現しようとする傾向も強くなってくる。

　そうした生徒たちの個性やユニークさを、周りの友だちが嫌がって避けようとするかといえばそうでもなく、逆にマンガやアニメのオリジナル・キャラクターやストーリーになれているせいだろうか、マンネリや均一性よりも個性やオリジナリティーを尊重する雰囲気も大いにあるというのが、現代の高校生たちの気風であることを忘れてはならないだろう。

　実際に、教科の授業でも総合的な探究の時間でも、生徒主体のワークショップや作品製作、表現活動等に取り組んだ高校生に意見や感想を求めると、探究的な学習で楽しいと感じる第一の要因に、「自分とは異なる友だちのいろいろな考えや意見を聞けること」という答えが最も大きいのである。

　そうした個性を楽しむ雰囲気は、探究的な学習では、自分の個性的な考えや意見を表明して聞いてもらえることが楽しいと多くの高校生が感じていることを意味している。

　このような個性を楽しむという教育的な価値は、探究的な学習にとてもよくあてはまるのである。本書に収めた20事例の授業実践を参観していても、全く同じ現象を観察することができた。生徒たちは、実にユニークで個性的なレポートや意見文を書いたり、はがき新聞を作ったり、またディベートの立論や反論を展開していた。

　もう少し具体的にみてみると、探究的な学習において生徒たちが発揮する個性やオリジナリティーは、次のような8つの学習場面で表れてくる。

---

① 学習課題や研究的な問い、研究仮説を構成している場面

② 問題の解決方法や解決手順を書き出したり共有したりしている場面

③ 資料の読み取り内容を書いたり交流したりする場面

④ レポートや小論文を作成しながら考えを形成している場面

⑤ 物語や評論、短歌や俳句、詩を創作している場面

⑥ 政治や社会の在り方に提言をしたり意見を述べたりする場面

⑦ ディベートや討論会で立論や反論を通して意見を述べている場面

⑧ ICTを用いてプログラミングをしたり作品を創作したりする場面

したがって、いつも生徒の学習状況を、「正確な知識に基づいているか」とか、「字数や行数などの条件を守っているか」「論理展開に無理やねじれはないか」「原稿用紙を正しく使っているか」「文章に敬体と常体が混じっていないか」「締切までに提出できたか」というように、生徒による学習の状況の正確さや従順さばかりを見るのではなく、こうした個性やオリジナリティーを積極的に教師の方で見つけ出してほめたり、生徒同士の相互評価会で肯定的な認め合いを交流したりするような場面をできる限り多くして欲しいのである。

　そうした肯定的なフィードバックこそが、生徒の学習意欲と授業中の集中力を生み出すことを忘れてはならない。

　もちろんそれらが、高校レベルの知識や学問内容に基盤をおいたものになっていなければ、学習として価値がないことは当然のことである。そのために、本書の20事例の授業実践では、必ず探究的な学習の事前学習としてしっかりとした習得学習を位置づけているし、中には、探究的な学習の途中で、基礎的・基本的な知識・技能の学び直しのステップを組み入れた実践もある。

　つまり、小学校と中学校で行われている、「基礎的・基本的な知識・技能の活用を図る学習活動」という旧学習指導要領の授業改善の視点を、高等学校の探究的な学習の実践においても十分に踏まえているのである。

7. 学習の手引きの作成と活用

　探究的な学習の成立に不可欠な学習要素として、本書では、「学習の手引き」を組み入れている。

　「学習の手引き」は、すでに60年も前から中学校の国語科教師であった大村はま先生が、生徒たちの調べ学習や創作表現、話し合い活動、発表活動等を支援するためにガリ版刷りで作成したプリント教材に端を発している。

　大村はま先生は、戦後間もない東京の中学生たちに、十分な教材がない中で生徒主体の活動に取り組ませたいと願い、生徒がつまずくポイントを予測しながら、そこを支援すれば生徒たちの学習がうまく進んでいくという指導の勘所をおさえて、そうした指導上の留意点をプリントにして生徒に配付していたのである。

例えば、文章の書き出しのフレーズを例示したり、学級討論会の話し合いの台本を載せたり、本を読むときの視点や観点のキーワードを示したり、前時までの友だちの読み取りや感想を掲載したりしていた。また、主体的な学習のプロセスがイメージしにくいと思えば、学習の手順を具体的に示したり、自分で作った作品を見直したり推敲するための評価の観点を示したりもしている。

　つまり今日の教育用語を用いるとすれば、ユニバーサル・デザインの視点をもって、生徒主体の課題解決的な学習を支援するためのヒントや基本型をしっかりと生徒に可視化して活用させていたということになるだろう。

　では、中学生よりも学習年数が長く難しい知識や技能を習得している高校生には、「学習の手引き」は必要ないのだろうか。筆者は、高校生にこそ「学習の手引き」が必要であると考えている。そしてその考えは、本書に収めたすべての授業実践を参観して確信になったといえるのである。

　今日の高校生が探究的な学習に取り組むときには、必ず「学習の手引き」を作成して活用してもらうことを心から推奨したい。その理由は、以下の5点である。

---

① 探究的な学習では、高度な課題解決や問題解決が求められる。
② 問い作り、計画作り、資料収集、考察、評価等の技能が高度である。
③ レポート、新聞、プレゼン資料等の製作・表現活動が高度である。
④「深い学び」とするためには、深い学びの技法の活用が必要である。
⑤ 学校間での資質・能力の差が大きく、十分な学習支援を必要とする。

　確かに、初めは作り方がわかりにくかったり、多忙な日常の中で作成に十分な時間が取れないと感じたりするだろう。また、教科特性をしっかりとふまえたうえで各単元の学習内容に固有な支援の具体例を発想すること自体が高度な専門性を必要としている。

　そうしたいくつかの困難さがあることは確かだが、生徒たちの探究的な学習に取り組む学習意欲と集中力を高め、必要となる高度な課題解決的な技能を育てるためには、少し多めの支援材料を含む「学習の手引き」を1年間に1単元ずつでも粘り強く継続して作成し、教員間で共有していけばその蓄積はすぐに大きな共

有財産になっていくだろう。

　教科別の支援の具体例について、**表2**にあげたので参考にしてほしい。

国語科
1　物語文・説明文・意見文・新聞記事などの文章の形式に合わせた段落構成の型、引用の仕方、5W1Hを使った書き方など 2　インタビューの仕方のコツ、ディベートの技法、プレゼンテーションの技法、スピーチの技法、話し合いの手順など 3　心情変化の読み取り方、事実と意見の区別の仕方、心情表現の読み取り方など 4　作品やパフォーマンスの完成例 5　短歌や俳句の感じ方、作品イメージの比較の仕方など

地理歴史科・公民科
1　調査やアンケートの方法、インタビューの仕方のコツなど 2　社会科新聞・社会科レポートの書き方など 3　発表の仕方や調査結果のプレゼンテーションの仕方など 4　政策評価の仕方、資料活用の仕方、時代比較の仕方など 5　模擬議会・模擬国会・模擬投票の仕方など

数学科
1　三段階思考法、消去法、条件設定法、仮定法などの思考の型 2　表の見方、いろいろなグラフの読み方 3　論理的な説明の仕方、聞き手の反応の確かめ方、公式の引用の仕方など 4　数学新聞・数学レポートの書き方、論証の仕方など 5　活用問題や文章題のつくり方、グラフの書き方、証明の仕方など

理科
1　仮説のつくり方、学習課題のつくり方、モデル図の書き方など 2　考察文の書き方、まとめと感想の書き方、スケッチの仕方など 3　理科新聞・理科レポートの書き方 4　仮説検証の仕方、誤差の扱い方、データの読み取り方など 5　実験や観察の流れ図、作品製作の流れ図や組み立てモデルなど

外国語科
1　英語を用いた多様な文章の書き方や文章構成の在り方など 2　英語圏文化に根ざした思考の仕方や表現の仕方など 3　スピーチやプレゼンテーションの技法 4　慣用表現、熟語、文系などの活用の仕方 5　感情表現の仕方、イントネーションの付け方、強調表現の方法など

表2：各教科で提供できる学習モデルの例

8. ルーブリックを活用した学習評価と学習改善

　ルーブリックとは、絶対評価のための判断基準表のことである。英語では rubric と表記し、もとは聖書の教典の中で教会の儀式の在り方を朱書きで示したものを意味していた。そこから、行動規範というような意味で使われるようになり、教育用語としては、アメリカ合衆国で1980年代から絶対評価の判断基準表を意味する用語として広く使われるようになってきた。

　ルーブリックは、縦軸に評価レベルを位置づけ、横軸に評価したい資質・能力の評価観点と評価規準を置き、それらが交差するセルに具体的なレベル別の判断基準を文章で書き込んで並べた一覧表である。最も詳しい判断基準表では、それぞれの基準（A・B・C）に点数（3点・2点・1点）を与えて、学習成果の総括的な評価点数を算出できるように工夫したものもある。

　つまり例えていうならば、評価規準はものさしの種類を示していて、判断基準は一つのものさしの目盛りを示しているといえる。なお、最近では、規準も基準も発音が同じであり混同がおきやすいため、文部科学省は判断基準のことを、「Aと判断できる状況」という用語でいいかえるようになっているので、学習指導案の中ではこの用語を用いる方がよいだろう。

　また、必ずしも一覧表を作る必要はなく、評価の観点毎に、レベル差を示す判断基準の文章を列挙していくだけでもかまわない。

　こうした特徴を持つルーブリックを作成するようになってきた理由は、特にペーパーテストでは評価しにくい資質・能力の観点において、より客観的で、しかもより高い妥当性と信頼性をもちながら評価できるようにするためである。

　したがって、ルーブリックには、知識・理解の観点よりも、思考力・判断力・表現力といった多様な資質・能力を取り上げることが大切である。

　ただし、ペーパーテストで客観的に評価しにくい観点を扱えば扱うほど、その判断基準の文章表記やレベル分けの仕方について、継続的な改善と修正を行うことが必要になる。また、信頼性を高めるためには、複数の評価者が同じルーブリックを使って一つの作品やパフォーマンスを評価し、その一致度を測ってみて、必要に応じて修正・改善するなどの工夫が必要である。

さらに、各単元で設定したルーブリックを用いて算出した、一人ひとりの生徒に関する学習成果の評価得点を、指導要録における年度末の評定に換算したり、レポートの採点結果を定期考査の思考力・判断力・表現力の得点に換算したりするためには、一定の「換算公式」と「総括方法」を各学校において設定しておかなければならない。

　そして、同じ学年や同じ教科の教師集団が、生徒の学習状況を、作品分析や行動観察によって多面的にとらえて共有化し、それらを基にして常にルーブリックの改善と修正を行うことが必要である。

　しかしながら、このようにして理想を追求しようとすればするほど困難を伴うため、例えばルーブリックの作成時点で複数の教師が協力したり、評価が厳しすぎたり甘すぎたりしていないか他の教師にアドバイスを求めたりといった程度が現実的だろう。

　ではなぜ、「主体的・対話的で深い学び」、つまり高等学校での探究的な学習に、ルーブリック評価が必須になるのだろうか。ここでは、生徒たちが学習評価になぜルーブリックを活用するのかという視点で解説する。

　その理由は、次の7点に集約される。

【生徒が行う学習評価にルーブリックを必要とする理由】
① 生徒が学習評価をする資質・能力の内容を整理して可視化することが必要である
② 思考力・判断力・表現力の評価には、観点とレベルで整理された基準が必要である
③ ルーブリックで身につけるべき資質・能力を明示しておくと学習意欲が高まる
④ ルーブリックで明示された判断基準を生徒が自己の学習目標にすることができる
⑤ ルーブリック表を蓄積していけば、資質・能力の自覚と共有がしやすくなる
⑥ 資質・能力の継続的な自覚と共有によって、生徒の自信と自尊感情が高まる
⑦ ルーブリックを用いた自己評価を通して、生徒の自己評価力を育てられる

---

　①は、新しい学習指導要領が資質・能力をベースにして作成されていること、そして、「何ができるようになるか」を明示したことにより、「学びと評価の一体化」の原理に則れば、「主体的・対話的で深い学び」を行う子どもたちにとっ

て、資質・能力を可視化して意識付けすることが何よりも大切だからである。

　しかも、②に示したように、たんに評価規準を伝えるのではなく、判断基準まで示すことで、生徒に「どんな力をどれほどのレベル（水準）で身につけることが求められているか」を自覚させて学習に取り組ませることが大切だからである。逆にいえば、判断基準を示されなければ、例えばどれほどのレベルのレポートを書けばいいのか、どれほどのレベルのプレゼンテーションにすればよい成績が付くのかが分からず、生徒たちも具体的なパフォーマンスや作品の最終イメージがわかないだろう。

　そうなることを防ぐために、ルーブリック表によって子どもたちが到達すべき目標が明らかになることで、「ここまで頑張って作ればいいんだな、ここを工夫してレベルアップすればよいプレゼンテーションになりそうだな」といった意識が生まれ、③と④に示したように、判断基準が学習目標になり、生徒たちの学習意欲が高まるのである。

　そして、ルーブリックを多くの教科・領域で学期に１回程度行うようになると、それらをクリアポケットファイルに蓄積していけば、「主体的な学び」が求める「資質・能力の自覚と共有」がやりやすくなり、資質・能力の習得状況に基づくキャリアパスポートの作成にもつながっていく。

　そのことが最終的なねらいとして、生徒たちの自信と自尊感情を高めることや自己評価力を育てることになる。

　このような７つの教育効果をもつルーブリックの活用を全校体制で組織的・計画的に進めることをお薦めしたい。

　また、授業の導入場面において本時で身につけてほしい資質・能力を明示したルーブリックを生徒たちに配付して、本時で自己の学習目標にしたいセルの中の判断基準に○を付けさせる。そうすれば、授業の振り返りの場面で、もう一度ルーブリックを用いて、「本時の学習でどのような資質・能力が身についたか」という視点であてはまるセルに○を付けることができて、本時での資質・能力の習得状況の自覚ができるようになる。

　１時間での資質・能力の習得が明確になりにくい授業では、無理をして授業の導入場面でルーブリックを配付する必要はないし、単元の核となる活動、例え

ば、レポート作成、スピーチ、プレゼンテーション、演奏、演技、競技などに取り組むときにルーブリックを事前配付して、核となる活動に関わる自己の学習目標を設定させておくことでも構わない。

　大切なことは、生徒たちがルーブリックを、自分自身の資質・能力の向上のために頑張るという意識や態度をもつための評価ツールとしてとらえてもらうようにすることである。生徒たちの自己評価や相互評価のためのルーブリックの活用は、生徒たちの自己成長をうながすものであり、教師の成績付けの信頼性を上げるためのものではない。

　いいかえるなら、「主体的・対話的で深い学び」においては、子どもたちが学習評価の主人公となり、自己評価と相互評価を通してより主体的に深く学ぶように学びの改善を続けていくこと大切である。

　　　　※ルーブリックや学習の手引きの参考例は、本書の実践事例及びそれに対応した
　　　　　　ウェブサイトから入手可能なダウンロード資料を参照のこと。

──参考文献──
・田中博之『「主体的・対話的で深い学び」学習評価の手引き』教育開発研究所、2020年。
・田中博之『アクティブ・ラーニング「深い学び」実践の手引き』教育開発研究所、2017年。
・田中博之『アクティブ・ラーニングの学習評価』学陽書房、2017年。
・Simon Davidson & Steven Carber（2009）Taking the PYP forward, John Catt Educational.
・Kath Murdoch（2015）The Power of Inquiry, Follett IB Store.

第3章 必履修科目での探究授業

1

探究的な活動を通した「新型コロナウイルス」に関する小論文の作成

百崎 竜也
（東京都立淵江高等学校）

1. この授業のねらいと概要

高等学校国語科では、学習指導要領の改訂により新科目として「現代の国語」が創設された。本授業のねらいは、新科目「現代の国語」で育成すべき資質・能力を探究的な活動を通して、生徒に身につけさせることである。

この授業実践では、「思考力・判断力・表現力等」の中でも、とりわけ「書くこと」を中心に展開した。その育成のために、「目的や意図に応じて、実社会の中から適切な題材を決め、集めた情報の妥当性や信頼性を吟味して、伝えたいことを明確にする」探究的な活動を設定した。

小論文のテーマは新型コロナウイルスに関するものとし、複数のテーマを生徒たちに学習課題として提示した。選んだテーマについて、新聞やインターネット、書籍等を用いて情報を集め、適切に引用しながら小論文を作成した。また、作成した小論文をグループで発表し合い、それぞれの書き手の意見や集めた情報の妥当性等を相互評価した。最終的に、その評価を基に自身で推敲を行い、小論文を完成することにした。

次に、本授業実践と学習指導要領の関係性について考えていくことにする。

2. 学習指導要領との関わり

本授業実践では、高等学校学習指導要領「現代の国語」、「B　書くこと」(1)

で示されている以下の内容を達成することを目標とした。

ア 目的や意図に応じて、実社会の中から適切な題材を決め、集めた情報の妥当性
　や信頼性を吟味して、伝えたいことを明確にすること。
イ 読み手の理解が得られるよう、論理の展開、情報の分量や重要度などを考えて、
　文章の構成や展開を工夫すること。
ウ 自分の考えや事柄が的確に伝わるよう、根拠の示し方や説明の仕方を考えると
　ともに、文章の種類や、文体、語句などの表現の仕方を工夫すること。
エ 目的や意図に応じて書かれているかなどを確かめて、文章全体を整えたり、読
　み手からの助言などを踏まえて、自分の文章の特長や表現の課提を捉え直した
　りすること。

(p.34)

　上記で示されている資質・能力の育成に向けて、本授業実践の学習課題を設定
することとした。

3．教科の特質を活かして探究的な学習をどう設定したか

　小論文を書く際に、自身の意見がどのような根拠に支えられているかという点
が非常に大切である。今回のテーマである新型コロナウイルスについては、様々
なメディアで情報が溢れている。自身の意見を支える根拠となる情報を自身で集
めるところを、探究的な学習の中心的な場面として設定した。また、完成した小
論文を、より読み手に理解が得られるようにするにはどのようにすればよいかを
考える推敲を行った。その際、相互評価を通して他者から助言を貰い、よりよい
小論文にするために考える点も探究的な学習の意味を持つと考える。

4．実践の具体的な特徴

(1) 指導と活動の流れ

　本単元は探究的な学習の活動として情報を集める活動から、小論文を作成し、

推敲するまでの活動を合計4時間配当とした。4時間の具体的な指導計画は次の通りである。

1時間目	目標の確認、テーマ選択、ウェビング、調べ学習
2時間目	調べ学習、小論文構成メモ作成
3時間目	小論文の作成
4時間目	自己評価・相互評価、推敲活動、振り返り

図1：単元指導の計画

（2）1時間目の指導について

初めに、本単元の目標を生徒たちに提示した。目標については先に示した学習指導要領「書くこと」から引用したア〜エの内容を生徒たちに提示した。

次に新型コロナウイルスについて、複数のテーマを生徒たちに提示し、自身が一番興味・関心のあるものを選択することとした（写真1）。

【テーマ選択】 ＊字数は全て700〜800字とする。

□東京オリンピックの時、新型コロナウイルスの感染防止対策について
□リモートワークという新しい働き方について
□ウィズコロナからアフターコロナへ
□コロナウイルスがもたらした差別や偏見について
□新型コロナウイルスが収束をしたら、オンライン授業はなくすべきか否か
□コロナウイルスの影響で私たちの生活にプラスになったこと
□コロナ収束後にあらわれる課題と解決策
□コロナショックを超えてどう生きるか
□他国と比較した日本の感染症対策について
□コロナ禍でのスポーツの在り方について
□コロナ禍での学校の在り方について
□飲食店への協力金配布について
□ウィズコロナ時代で求められる人材とは
□コロナ禍のSNS等による不確かな情報の拡散について
□コロナウイルスの影響による「格差・貧困」について
□緊急事態宣言やまん延防止といった政策について
□（自身が設定したいテーマがあれば、担当教員と相談をして下さい。）

写真1：新型コロナウイルスについてのテーマ一覧

写真2：ウェビングと調べ学習の様子

写真3：本を探す生徒

写真4：新聞で調べている生徒

写真5：インターネットで調べている生徒

　選択したテーマについて、調べ学習を行う前に、現段階で自身が知っていることや考えていることをウェビングし、思考を深めた。そして、このウェビングに基づいて、自身が調べ学習を行う方向性を定め、新聞やインターネット、書籍等を用いた探究的な学習を行った。本授業実践は、新聞や書籍があり、調べる環境が整備されている図書室で授業を行った。必要に応じて、司書によるレファレンスサービスを受ける生徒もいた（写真2〜5）。

（3）2時間目の指導について

　1時間目と2時間目は連続したコマでの展開となっている。1時間目と同様に、調べ学習の続きを実施した。次に、小論文を書く前段階として、構成メモの作成を行った。時間は20分程度取ることとした。メモは段落ごとの内容をまとめるものとなっている（ダウンロード資料参照）。段落ごとの内容は、1段落「自身の意見」、2段落「意見の根拠（資料等を引用する）」、3段落「まとめ」の構成とし

た。実際に構成メモを書き始めると、すぐに完成する生徒、書き始めから悩む生徒と様々であった。なかなか書き始められない生徒を中心に、声かけを行った。終わらなかった生徒たちは、3時間目の授業までの課題とした。

（4）3時間目の指導について

前時までに作成した小論文メモを利用しながら、実際に700〜800字で小論文を書く作業に取り掛かった。時間は50分程度であるが、構成のメモがあったため、多くの生徒が小論文を書き上げることができていた（写真6）。

写真6：小論文を書く様子

（5）4時間目の指導について

4時間目では、完成した小論文の自己評価・相互評価の活動を行った。

	文章表現	文章構成	理由・根拠
3点	・文章が「だ・である調」で統一されている。 ・字の誤りが文章内で0〜1程度である。	・意見⇒理由・根拠⇒まとめの3段落構成になっている。 ・資料やデータの引用が適切である。	・資料やデータを引用して、自身の意見の理由と根拠に適切になっている。
2点	・文章が「だ・である調」で統一されていない箇所がある。 ・字の誤りが文章内で2〜3程度である。	・段落の中に一部、意見や根拠が混同しているところがある。 ・資料やデータの引用が段落の半分以上である。	・資料やデータを引用して、自身の意見の理由と根拠にややなっている。
1点	・敬体・常体が混合した文章になっている。 ・字の誤りが4つ以上ある。	・段落同士の繋がりが見えない構成になっている ・資料やデータの引用がほとんどである。	・自身の体験や見開が理由・根拠となっている。

図2：評価ルーブリック

生徒たちはこの評価ルーブリックを用いて、自身の小論文の自己評価を行った。また、教員側も生徒と同じ評価ルーブリックを用いて、採点を行うことを伝えている。教員が行った採点結果は、成績に入れることにも使用する。その後、グループ単位で小論文を相互評価し、助言をし合う活動を次のように行った。

写真7：相互評価の様子

手順1	自身の小論文を右隣の人に回す。
手順2	2分半時間を取り、小論文を読んでもらう。
手順3	青の付箋紙に良い点を、赤の付箋紙に改善点を記入し、小論文の用紙に貼る。
手順4	小論文をルーブリック評価の観点を用いて採点する。
手順5	手順1～4を全員分繰り返す。
手順6	一人目から順番に、付箋紙やルーブリック評価を基に、助言等のフリートークを行う。（3分程度）
手順7	（時間が来たら）全員で「ありがとうございます。」と書いた人へ拍手を行う。（⇒終了後、次の人で手順6から実施）

図3：相互評価グループワークの手順

　この活動の後、学習指導要領「現代の国語」「B 書くこと」のエで示されている通り、読み手の助言を踏まえ、自身の文章を推敲することが大切である。また、自身の文章をよりよくするために考えることが、書くことにおける探究的な学習の要素でもあると考える。

生徒たちには助言を踏まえながら、次の点を推敲の際に、意識することをワークシートに列挙した。

> ・誤字・脱字・衍字がないか
> ・「です・ます調」で書かれている部分を「だ・である調」に修正する
> ・段落構成が「意見⇒理由⇒根拠」になっているか
> ・引用箇所が「　」等で明確になっているか
> ・もっと読み手に伝わるような表現があるか考えてみよう

(6) 教材の工夫

　教材の工夫として、4時間分の活動を全て1冊にまとめた「学習の手引き」を生徒に配付した（ダウンロード資料参照）。単元の目標、探究的な学習の活動の流れ、原稿用紙、相互評価の手順、推敲のポイント、振り返り欄を全て1冊にまとめることで、生徒たちが学習しやすいように工夫した。小論文完成までのプロセスを追えることに大きなメリットを感じた。生徒たちは構成メモや学習活動の流れを適宜確認する様子が見受けられた。活動の目標や手順が明確に示されていることで、活動を円滑に進めることができた。

5.　実践の成果とこれからの実践の方向

　最初生徒たちは、800字程度の文章を書くことに対して、書けるかどうか不安な様子であった。しかし、調べ学習のような、探究的な活動を取り入れたことで、小論文を書くことに対して、興味・関心が出てきた様子であった。その後、学習の手引きに沿って調べた内容をまとめ、文章の書き方のモデルを示し、構成メモを書いてから文章を書くことで、小論文を完成させることができていた。また、書いた文章を自己評価・相互評価を通して推敲したことで、「文章の書き方や構成を学ぶことが出来た」等の振り返りも多く見られた。目標とした4つの資質・能力の育成を4時間の授業実践を通して概ね達成することができたと考える。

本実践の課題として残ったのは、授業時数の確保である。4時間配当としたが、調べ学習の時間や小論文を書く時間が充分に取れたとは言えない。探究活動とは、やはり時間を要するものであり、教科指導の中にうまく落とし込んでいくことが必要であると感じた。

　今回の実践は思考力・判断力・表現力等のなかで「書くこと」の焦点を当てて取り組んだものである。今後は「現代の国語」の「読むこと」「話すこと」「聞くこと」に関しての探究的な学習の活動を取り入れた授業実践を行っていきたい。

──参考文献──
・田中博之『アクティブ・ラーニングの学習評価』学陽書房、2017年。
・田中博之『アクティブ・ラーニング実践の手引き──各教科等で取り組む「主体的・協働的な学び」』教育開発研究所、2016年。
・田中博之『アクティブ・ラーニング「深い学び」実践の手引き』教育開発研究所、2017年。
・田中博之『「主体的・対話的で深い学び」学習評価の手引き──学ぶ意欲がぐんぐん伸びる評価の仕掛け』教育開発研究所、2020年。

メディアとしての
土佐日記を考察する
探究的な学習

植草 穂乃花
（品川女子学院高等部）

1. この授業のねらいと概要

　本稿は、現行の「国語総合（現代文）」で「メディア」をテーマとした評論文を読解し、その視点を用いて「国語総合（古典）」で読解した『土佐日記』を考察する、「言語文化」を想定した実践の報告である。

　『土佐日記』をメディアの一つとして捉え、紀貫之が「作者」「語り手」「ある人（登場人物）」という３つの視点で土佐日記に関わっていることに注目し、それぞれの視点がどのような役割を果たしているのか、その結果、『土佐日記』は文学史的にどのような価値をもつ作品なのかを分析し、グループで一枚のシートにまとめ、鑑賞しあうという流れである。

　本実践のねらいは、『土佐日記』の文章がもつ魅力に気づき味わったり、その背景から見える当時の文化や社会規範などを推測して、現代と比較したりすることを基礎としながら、有名な古典作品を「メディア」として捉えることで、情報発信者である作者の思考が言葉によって表現され、情報媒体である作品を通して、情報受信者である読者が読み取り、情報受信者の思考・内省につながっていること、またそれらの活動が1,000年以上の時を経て行われていることを認知し、改めて言葉がもつ役割を認識するきっかけとなることもねらいとしている。

2. 学習指導要領との関わり

　高等学校学習指導要領解説【国語編】によると、「言語文化」の「知識及び技能」や「学びに向かう力、人間性等」で「伝統的な言語文化」に親しむこと、「思考力、判断力、表現力等」で論理的に考えること、工夫して書くこと、想像力を働かせて読むことを育成するなどが特徴として挙げられる。

3. 教科の特質を活かして探究的な学習をどう設定したか

　「伝統的な言語文化」の「知識及び技能」を身につけることについては、高等学校学習指導要領解説【国語編】に「古典の世界に親しむために、作品や文章の歴史的・文化的背景などを理解する」(p.38)とあり、本実践では、『土佐日記』と少し後の時代の日記作品の資料を比較し、当時の文字文化や日記作品のあり方について考える活動が相当する。

　「思考力、判断力、表現力等」で言及されている「書くこと」については、p.123に「学習場面において、メモなどの覚書や図などの視覚的な素材を用いて、表現したいことがより明確になるように工夫することが必要である。」とあるように、文章だけではなく図やイラストも用いてシートにまとめる活動を設定した。また、成果物を作る際に必ず本文中から根拠を引用するように指示し、根拠から結論への流れが説得力のあるものになるようにルーブリックで示し、生徒たちが論理的に考えることを意識できるようにした。「読むこと」については、「伝統的な言語文化」の学びと同じ活動で、作者の状況や価値観を豊かに想像することを期待する。

　p.110では、「他者」を「広く社会生活で関わりをもち、世代や立場、文化的背景などを異にする多様な相手」と示しており、「こうした相手と言語を通して円滑に相互伝達、相互理解を進めていく必要があり、状況や場面に応じた他者との関わりの中で、必要な事柄を正確に伝え、相手の意向を的確に捉えて解釈したり、効果的に表現したりすることができるようにすることに重点を置いている。」と続く。この単元では紀貫之を世代や立場、文化的背景などを異にする「他者」

と設定し、作品の中の言語を通じて理解を深めていくことをねらいとしている。

「学びに向かう力、人間性等」については後の評価についての記述で言及する。

4. 実践の具体的な特徴

(1) 指導と活動の流れ

1学期後半に、以下の流れで進めた。

時	授業内容
1〜3	土佐日記「門出」「帰京」 品詞分解、和歌の修辞法、単語の意味、文学史的知識の確認 文章読解
4	紀貫之が土佐日記で描きたかったことは何かを考える 【全体】メディアとは何かを定義する 【個人①】男性が真名で書いた日記と紀貫之が書いた土佐日記を比較する 【個人②】日記に書かれている内容や形式から、男女の社会的役割を考察する 【個人③】女性仮託することで紀貫之が何を書きたかったのか考察する 【グループ】個人①〜③で考えたことをグループ内で発表する
5	メディアとしての「土佐日記」の中で紀貫之の役割を考える 【グループ①】個人ワークをもとに「作者」「語り手」「登場人物」が「メディアとしての土佐日記」の中でどのような役割を担っているのか考える 【グループ②】話し合ったことをMetaMoJiで1枚のシートに表現し、pdf化してGoogle ドライブにアップする 【個人①】ルーブリックで自己評価する 【個人②】Google ドライブにアップされた各班のシートを見ながら振り返りフォームに入力する
後日	振り返りフォームを生徒に共有する

（2）特色ある探究的な活動

　特色ある探究的な活動は、本単元の4時間目と5時間目に実施した。

【4時間目】

　まず、クラス全体で、現代文の授業で扱った「メディア」に関する文章の内容に触れながら、「メディア」にはどのような性質や側面があるのかを考えた。ここでは、さまざまな意見が出ることよりも「メディア＝情報発信者によって切り取られたものを伝える性質があり、また受け手の価値観次第で大きく印象が変化するものである」という共通認識を持つことをねらいとした。評論文で「メディア」について学んだ際は、抽象的な内容であったこともあり、多くの生徒が自分事化して考えられていないようであったが、古典の学習で実際に作品を分析する際の視点の一つとして活用することで、自分の経験として捉えることができ、評論文の内容を深く理解してもらうことができた。

　続いて、個人学習①で近い時代の日記作品と比較し、表記や内容などの相違点を探す活動を行い、1〜3時間目で学んだ文学史的な情報なども活用して「男性の日記は真名で書かれている。内容は天体のことや行事のことなど仕事や自分以外の人に関わる記録的な役割を担っている。」「女性の日記や土佐日記は仮名で書かれている。内容はプライベートのことが多く、現代の日記に近い。」といった気づきを得ることができた。

　個人学習②では、なぜ①のような相違点が生まれたのかを推測する活動を入れた。『土佐日記』や、その前に学習した『伊勢物語』の読解の際に、平安時代の人々がどのような生活を送っていたのかなどを古典常識として説明していたため、それらの内容を根拠とし、主に男性と女性のそれぞれの社会的役割の特徴を考察した。女子校という環境も影響して、現代に生きる自分たちのジェンダーに関する問題点とつなげて考えている生徒もいた。

　個人学習③では、女性仮託することで紀貫之が何を書きたかったのか考察した。この問いは、教科書などにもよく書かれているものだが、自分で資料を見てから分析することとした。「娘を亡くした悲しみを素直に描きたかったから。」といった内容を書いている生徒が多くいた。

最後にグループ学習として、個人①〜③で考えたことをグループ内で発表した。この活動は、次の5時間目の活動に向けて、自分では気づきが足りない生徒へのフォローアップ的な役割を担っている。

【5時間目】

　本単元の主要な活動を実施した時間である。『土佐日記』を、作者が世界を切り取って表現した「メディア」と捉え、その作品を通して自分を含む今までの歴代の読者たちがどのような思考に至ったのかということを分析する。『土佐日記』では、紀

写真1：本文を参照しながらGWする生徒

貫之が「作者」「語り手」「登場人物」という3つの立場からこの作品に関わっている。なぜ、わざわざ3つの立場に分けてこの作品をつくりあげたのか、3つの立場にはそれぞれどのような役割があり、結果として土佐日記はどのような「メディア」として存在しているのかを考えてまとめる（写真1）。

　シートにまとめる際に、根拠として本文もしくは口語訳を必ず入れるルールとした。論理的に考えられるだけでなく、本文を何度も見返すことで細かい語句や文法にも注目することができるようになり、「言葉」のはたらきについて深く考えることができた。

　成果物の作成にあたっては、自分たちが

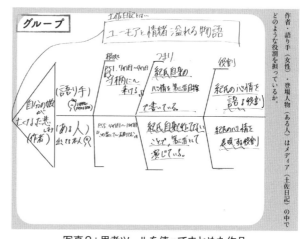

写真2：思考ツールを使ってまとめた作品

表現したい内容を一番わかりやすくまとめる方法は何か試行錯誤し、思考ツールを使って図示したり、現代の自分たちの状況にあてはめてイラストでまとめたりしている作品ができあがった（**写真2・3**）。

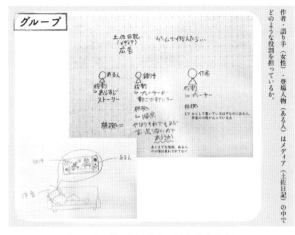

写真3：ゲームに喩えてまとめた作品

（3）ICTの活用

　本校では入学時に生徒が1人1台iPadを購入することになっている。以前から、ICTを使った授業は盛んに行われていたが、コロナ禍のリモート授業でより促進された。今回の授業は、共同編集作業や成果物の共有作業を限られた時間内で終える必要があったため、MetaMoJiというアプリケーションに、資料、ワークシートやルーブリックが一体となったものを配信した。また、各作業の手順やヒントを書いた「学習の手引き」をGoogleドライブにアップした。生徒はiPadの画面分割機能を使って、ドライブの手引きやインターネットの資料を参照しながらMetaMoJiで作業を進めることができ、少ない指示説明と作業時間で効率的に探究的な活動に取り組むことができた（**写真4**）。

　完成したシートはMetaMoJiアプリ内でpdf化し、ドライブの提出フォルダにアップした。ドライブのフォルダに入れることで、他の班と作成資料を短時間で効率的に共有できるだけでなく、学習の手引きとともに記録として残すことができる

写真4：MetaMoJi上のルーブリックで自己評価する様子

ため、別の単元時に再び本単元の手引きや生徒たちが作成した資料を簡単に振り返ったり参照したりすることができた。

(4) 学習評価の工夫

　先述のMetaMoJiに配信したワークシートの最終ページにルーブリックを載せ、「定義」「読解」「理由と結論」の3点を4段階で自己評価してもらった。「定義」では、「作者」「語り手」「登場人物」の各立場の役割を明確に言語化できているか、「読解」では本文を正しく読解し、作品成立当時の状況や関わる人々の心情を考察できているか、「理由と結論」では、根拠として引用した本文箇所と結論としてまとめた役割分担の定義の論理に説得力があるか、を観点として設定した。

　また、「学びに向かう力、人間性等」を養うため、「古典の世界に対する理解を深めながら、その世界をかけ離れたものと感じることなく、身近で好ましいものと感じて興味・関心を抱く」活動として、自由記述の振り返り活動も取り入れた。Googleフォームで、Q1印象に残った班とその理由、Q2メディアとしての『土佐日記』は後世の人間にどのような影響を与えていると考えるか、またその考えに至った理由、Q3自分とは違う性の人物になりきって日記文学を残すとしたらどのような内容を書きたいか、について記述したものを送信してもらい、その場で授業者がいくつか回答をピックアップしてクラス全体に向けて紹介した。

　Q3で自分がメディアの発信者側になったときにどのような表現をしたいかを考える問いを入れることで、かけ離れた「他者」であった紀貫之も自分と同じ「言葉を使って何かを表現したい人」なのだと気づかせるというねらいがある。中には、総合学習で学んだ性の多様性と関連づけて「自分らしくいられない窮屈な世界にいる中で、自分らしさを出そうと格闘する子のお話を書きたい。」という回答もあった。

　現代社会の課題や変化の様子を反映させて考えられている生徒がいたことから、文学作品は、作者が生きる社会との結びつきが強く、各時代の様相が作品に少なからず影響するという気づきにつながり、改めて「伝統的な言語文化」を学ぶ意義について考えるきっかけとしてもらえるような実践となったのではないか

と感じる。

5. 実践の成果とこれからの実践の方向

　「言語文化」では、生徒たちを「伝統的な言語文化」の担い手として育成することもねらいとしている。今後、実際に作品を書き互いに鑑賞し合うなどの活動や、文学史を作る一員であることをより強く意識できる活動などを取り入れて、生徒の創造性を伸ばしていきたい。

※ルーブリックや学習の手引きは、ダウンロード資料を参照のこと

3

探究的な活動を通した『羅生門』の実践

百崎 竜也
（東京都立淵江高等学校）

1. この授業のねらいと概要

　高等学校国語科は、学習指導要領の改訂で新科目として「言語文化」が創設された。本授業のねらいは、新科目「言語文化」で育成すべき資質・能力を探究的な活動を通して、生徒に身に付けさせることである。

　本授業では、とりわけ「読むこと」の資質・能力を育成することをねらいとした。「読むこと」の活動で複数、探究的な学習の活動時間をとり入れた。

　この実践では『羅生門』を取り扱う。新科目「言語文化」においても、多くの教科書会社が採択する題材となっている。『羅生門』の読解から始まり、『羅生門』のアフターストーリーを演劇の形式で発表し、『羅生門』と『羅城門』の比較レポートを作成するという展開で進めていった。「読むこと」の資質・能力を総合的に育成するため、様々な活動を入れ込んだ単元とした。生徒たちには学習の手引きを配付し、各活動の手順やモデルを示すことで、学習に取り組みやすい仕掛けを施した。

　次に、本授業実践と学習指導要領の関係性について考えていく。

2. 学習指導要領との関わり

　本授業実践では、高等学校学習指導要領「言語文化」、「B　読むこと」で示されている以下の内容を達成することを目指した。

B 読むこと

ア 文章の種類を踏まえて、内容や構成、展開などについて叙述を基に的確に捉えること。

イ 作品や文章に表れているものの見方、感じ方、考え方を捉え、内容を解釈すること。

ウ 文章の構成や展開、表現の仕方、表現の特色について評価すること。

エ 作品や文章の成立した背景や他の作品などとの関係を踏まえ、内容の解釈を深めること。

オ 作品の内容や解釈を踏まえ、自分のものの見方、感じ方、考え方を深め、我が国の言語文化について自分の考えをもつこと。

(p.37)

　上記で示されている資質・能力の育成に向けて、本授業実践の学習課題を設定することとした。

3. 教科の特質を活かして探究的な学習をどう設定したか

　上記「B　読むこと」の内容に対して、学習指導要領では次の言語活動例が記されている。「作品の内容や形式について、批評したり討論したりする活動。」及び「異なる時代に成立した随筆や小説、物語などを読み比べ、それらを比較して論じたり批評したりする活動。」である。この活動例を受け、本授業では、『羅生門』のアフターストーリーについて、演劇の脚本を作成する学習課題を設定した。生徒たち自身がストーリー作成の手順を参考にして、創作する活動を探究的な学習の特徴として捉えた。また、『羅生門』の典拠となっている『今昔物語集』の『羅城門』と比較する活動を通して、生徒たちが考察をレポートにまとめるという学習課題を設定した。作者の意図を考察し、レポートを作成する活動を「読むこと」の探究的な学習の特徴と決定した。

4. 実践の具体的な特徴

(1) 指導と活動の流れ

初めに、本実践の配当10時間分の単元指導計画の内容について述べる。

1時間目	『羅生門』を読み、ウェビング。初読の感想を書く。
2時間目	目標の確認、『羅生門』読解①
3時間目	『羅生門』読解②
4時間目	『羅生門』読解③
5時間目	『羅生門』読解④
6時間目	アフターストーリーを考え、演劇の脚本を作成する①
7時間目	アフターストーリーを考え、演劇の脚本を作成する②
8時間目	演劇の実演を行う。
9時間目	『今昔物語集』の『羅城門』と『羅生門』の比較レポートを作成①
10時間目	『今昔物語集』の『羅城門』と『羅生門』の比較レポートを作成②

図1：単元指導計画について

(2) 1時間目の指導について

1時間目では、初読の感想を記入するため、全体で通読を行った。その後、初読の感想をテーマにウェビングを作成した（**写真1**）。そのウェビングを基に、初読の感想を文章で記入した。単元最後の振り返り時に、初読時との読みの深さの違いを認識するツールとするためである。

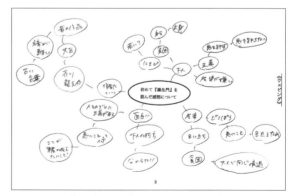

写真1：初読の感想をまとめたウェビング

（3）2時間目から5時間目の指導について

　初めに、単元の目標を生徒と共有した。

---

1. 下人の移り変わる心情を読み取ることができる。
2. 『羅生門』を読み、感想やアフターストーリーを記述することができる。
3. 演劇の脚本を作成し、発表することができる。
4. 典拠作品と比較し、自身の考えをレポートにまとめることができる。

　これらの目標を確認するとともに、単元の流れを生徒たちに説明し、それぞれの活動がどの目標に準拠しているのかを説明した。これにより、『羅生門』という単元を学ぶ意義を、教師と生徒が共有するねらいがある。

　その後、5時間目の終了までは『羅生門』の読解を講義形式で行った。

（4）6時間目・7時間目の指導について

　『羅生門』は「下人の行方は、誰も知らない。」という一文で締めくくられている。しかし、この最後の一文は初出時では、「下人は、既に雨を冒して、京都の町へ強盗を働きに急ぎつつあった。」という記述であった。このように変更したことにより、読み手に下人のその後を考えさせる余韻を残す効果があるとされている。本実践の6・7時間目では、下人のアフターストーリーを創作し、演劇の脚本にするという活動を行った。

　生徒たちにいきなり脚本を書かせるのではなく、初めに3つの設定を学習の手引き内に記入させた。①時間設定、②場面設定、③登場人物の設定の3つである。1つめの時間設定は全員「平安時代で下人が羅生門を去った後」で統一した。時間設定を完全に自由にすると、あまりに『羅生門』の世界観から飛躍した作品ができ上がる可能性があるためである。2つめの場面設定は「京都の町、羅生門、主人の家」という例を示したが、基本的には自由とした。3つめの登場人物の設定は主人公の下人と、演劇に必要なナレーターは固定化し、後は自由に設定することとした。

　その後、自身で考えたアフターストーリーのあらすじを記入し、脚本の作成に

取り掛かった。その際、脚本の書き方例を参考にするように伝えた。また、セリフ欄の下に、「表現の工夫」を記入させて、創作小説中の人物がどのような心情なのかを意識できるようにした（**写真2**）。

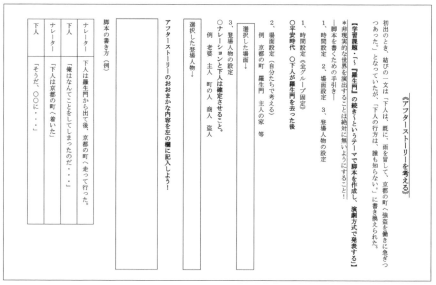

写真2：アフターストーリー作成のための学習の手引き

発表の評価方法については、**図2**のルーブリックを用いて採点を行った。

	ストーリー性	発表	現実性
3点	『羅生門』の内容を踏まえ、下人の人間性を適切に理解しながらアフターストーリーを構成している。	登場人物の心情を理解し、その場に適した表現の工夫を行い、堂々と演じている。	下人の人間性、下人を取り巻く環境を適切に理解し、『羅生門』の世界観を創っている。
2点	下人の人間性を理解しながら、『羅生門』のアフターストーリーを構成している。	登場人物の心情を考えながら、その場に適した表現の工夫を行い、演じている。	下人を取り巻く環境を適切に理解し、『羅生門』の世界観を創っている。
1点	観劇している人が『羅生門』のアフターストーリーと理解する構成になっている。	登場人物の心情を考えながら、表現の工夫を行い、演じている。	非現実的な要素を排除し、『羅生門』の世界観を創っている。

図2：評価ルーブリック

(5) 8時間目の指導について

各グループそれぞれ数分程度の持ち時間で発表を行った。表現の工夫を記入している箇所では、生徒たちが登場人物の心情を想像しながら発表することができていた。発表の内容は、下人が盗人として生涯生きていくことを決意した物語、下人が改心し、悪を許さないという思いから検非違使を目指す物語等、様々な作品ができあがっていた（写真３・４）。

写真３：演劇の様子①

写真４：演劇の様子②

(6) 9時間目・10時間目の指導について

この時間では、芥川龍之介の『羅生門』と『今昔物語集』の『羅城門』の比較についてのミニレポート作成を行った。まず、『羅生門』と『羅城門』の相違点をワークシートに書き出す活動を実施した。

そして、この中から一番疑問に思ったものを一つ取り上げ、なぜ芥川龍之介は『羅城門』から内容を変更したのか考察をミニレポートに記入した（写真５）。

【『羅生門』と『今昔物語集』の「羅城門」を比較し、ミニレポートを書いてみよう】

★次の表は二つの作品をまとめた物である。両方を読み比べ、相違点を探してみよう。
（相違点が空欄の部分は自分で考えて記入をする。無ければ空欄でも構わない。）

相違点	『今昔物語集』	『羅生門』
仕事	盗人	暇を出された下人
年齢		若者
老婆		
死骸の女		蛇の肉を売っていた女
時刻		
場所		羅生門
門の付近		
下人が老婆の前に出た理由		
下人の引剥		
語り手		
文章の終わり方		

羅城門（今昔物語集）

今は昔、摂津の国わたりより、盗みせむがために京に上りける男の、日のいまだ明かかりければ、羅城門の下に立ち隠れて立てりけるに、朱雀の方に人繁く歩きければ、人の静まるまでと思ひて、門の下に待ち立てりけるに、山城の方より人どものあまた来たる音のしければ、それに見えじと思ひて、門の上層にやはらかかづり登りたりけるに、見れば、灯ほのかにともしたり。

写真５：相違点を探すワークシート

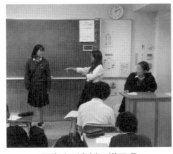

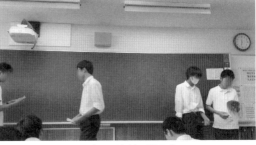

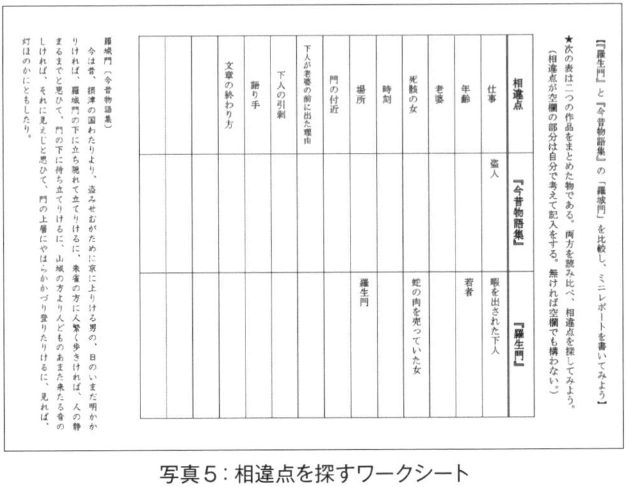

写真6・7では生徒が、『羅城門』では下人が盗人という設定であるのに対して、『羅生門』では下人は盗人になるかどうか迷っているという相違点に着眼し、考察を行っていた。

この違いが文章を面白くする仕掛けであるという気づきを得ることができていた。

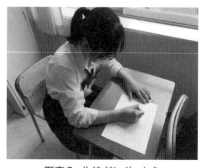

写真6：生徒がレポートを書いている様子

【二つの作品を比較し浮かび上がってきた相違点から、芥川龍之介が変更した理由（意図）を自分なりに考えてみよう】

ミニレポートの書き方例

《選んだ相違点「仕事」》

『今昔物語集』では「盗人」なのに対して、『羅生門』では「暇を出された下人」に変更されている。その理由について私は ～ だと考える。

ミニレポート

《選んだ相違点「下人の目的」》

『今昔物語集』では「盗みを働く目的な盗」のに対して、『羅生門』では「盗人になるか迷っている様子」に変更されている。原作では、「盗みせむがために」と書かれているように下人は盗みも働くために摂津の国から都までやってきた。このように、下人は盗みを行うという明確な目的意識を持っている。しかし、「羅生門」では、「盗人になるよりほかにしかたがない」ということを積極的に肯定するだけの、勇気が出ずにいたのである。」と書かれており、下人は盗人になるか迷っている。盗人になるかどうか葛藤することで、下人の「エゴイズム」を読み手に強く意識づける効果があると考えた。人の物を盗むという利己的な思想も、生きるためには仕方がないかもしれないという葛藤があることで、読み手は下人の心情に共感する部分も持てるであろう。最初から盗むという目的意識を持たないことで、「羅生門」の魅力をより引き出すことにも成功している。

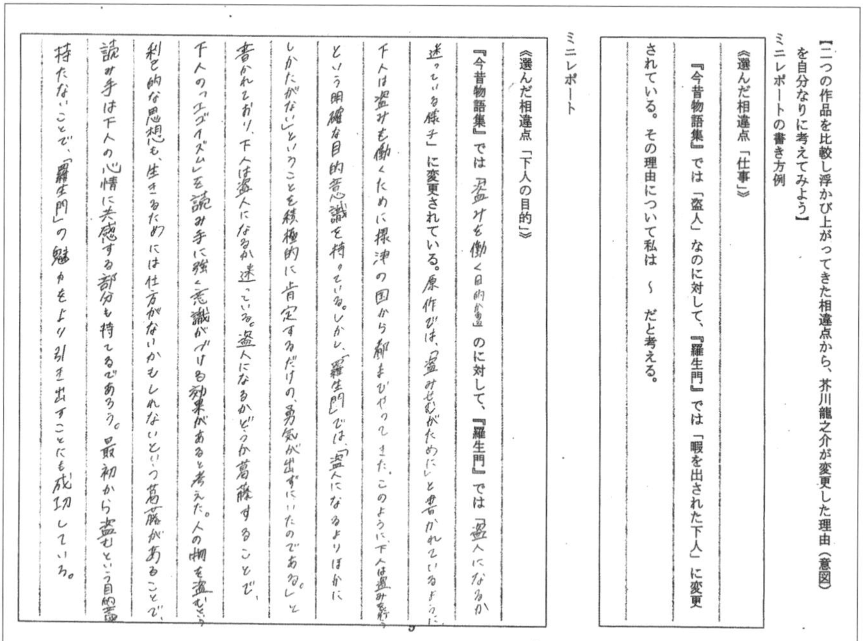

写真7：生徒のレポート作品

単元の最後には振り返り活動として、初めに示した目標に対してどの程度到達できたかを学習の手引き内に記入した。

その際、生徒自身が書いた初読の感想を読み、理解度や読みの深さがどの程度変わったかを最後に記入するよう伝えた。

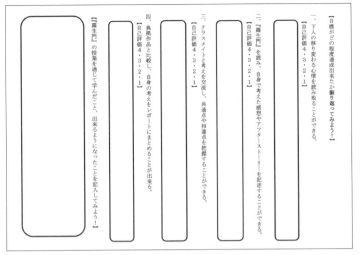

写真8：振り返りのワークシート

以下、ワークシート内の縦書きテキスト（右から左へ）：

一、『羅生門』を読み、自身で考えた感想やアフターストーリーを記述することができる。
自己評価 4・3・2・1

二、『羅生門』を読み、自身の移り変わる心情を読み取ることができる。
自己評価 4・3・2・1

一、下人の移り変わる心情を読み取ることができる。
自己評価 4・3・2・1

「目標がどの程度達成出来たか振り返ってみよう！」

三、クラスメイトと考えを交流し、共通点や相違点を把握することができる。
自己評価 4・3・2・1

四、典拠作品と比較し、自身の考えをレポートにまとめることが出来る。
自己評価 4・3・2・1

『羅生門』の授業を通じて学んだこと、出来るようになったことを記入してみよう！

5. 実践の成果とこれからの実践の方向

　本実践では「読むこと」の育成を目指し、アフターストーリの創作やミニレポートの作成を行った。この活動では探究的な学習の活動を取り入れることで、より効果が発揮されたと考える。生徒が主体的に学び、探究に向かう様子が見受けられたことは、本実践の大きな成果である。

　「現代の国語」「言語文化」という新たな科目の中で、探究的な学習の活動を取り入れた授業開発をこれからも行っていく。今回導入した学習の手引きを他の教材にも応用していき、その効果を検証していく。

　　　　　　　　　　※ワークシート及び学習の手引きは、ダウンロード資料参照

──参考文献──
・田中博之『アクティブ・ラーニングの学習評価』学陽書房、2017年。
・田中博之『アクティブ・ラーニング実践の手引き──各教科等で取り組む「主体的・協働的な学び」』教育開発研究所、2016年。
・田中博之『アクティブ・ラーニング「深い学び」実践の手引き』教育開発研究所、2017年。
・田中博之『「主体的・対話的で深い学び」学習評価の手引き──学ぶ意欲がぐんぐん伸びる評価の仕掛け』教育開発研究所、2020年。

「地理総合」における RESASを活用した 仮説検証型探究学習

── 新型コロナウイルス陽性者の分布傾向を 考察して解決策を考える授業 ──

徳倉　暢
（早稲田大学教職大学院・院生）

1. この授業のねらいと概要 ──GISを活用して課題を発見・解決する活動──

　2022年より必修科目「地理総合」、選択科目「地理探究」が開講され、高校地理が約50年ぶりに必修となる。平成30年告示の学習指導要領では、「地理総合」の大項目を「地図や地理情報システムと現代社会」「国際理解と国際協力」「持続可能な地域づくりと私たち」の3つとしており、GIS（Geographic Information System）を活用した授業やESDの視点を取り入れた活動が重視されている。しかし、「地理総合」を想定した授業実践の事例は少なく、多くの教員が授業づくりに困難を感じている。世界史必修化を境に地理を開講しない学校は増え続け、地理を履修していない者や地理学を専攻しない者が学校現場で地理を担当し、「GISの活用」や「地域の課題を題材とした授業づくり」に苦戦しているという現状がある。

　本授業は、「地理総合」の単元を例に、身近な地域の課題を扱った課題解決型の授業を展開していき、その中で「GISを活用した仮説検証」や「ルーブリックを活用したレポートの作成と評価」を行う。GISから入手した情報を分析して仮説検証を行うことで、「問題背景の考察」と「根拠ある解決策の考案」を行う「深い学び」が成立する授業にしたい。持続可能な社会を作るため、地域の諸課

題を主体的に発見して、協働的に解決する力を生徒たちに身に付けて欲しいと考え授業づくりを行った。

2. 学習指導要領との関わり

「地理総合」において「探究」という言葉は「C 持続可能な地域づくりと私たち」の「(2) 生活圏の調査と地域の展望」に出てくる。この中項目では「空間的相互依存作用や地域などに関わる視点に着目して、生活圏の地理的な課題を多面的・多角的に考察し、表現する力を育成するとともに、地理的な課題の解決に向けた取組や探究する手法などを理解できるようにすること」が求められており、「内容の取り扱い」では「地図や統計などの地理情報の収集・分析には、地理情報システムや情報通信ネットワークなどの活用を工夫すること」と地理的技能の指導でGISの活用が記載されている。「探究」については、「生徒が探究しながら調査を通して収集した知識や情報をまとめ、それをGISなどを活用して図表化するなどして資料を作成することや、それに基づいて自らの解釈を加えて発表し意見交換をしたり、論述したりする言語活動、さらに学習成果を地域に還元するなどの社会参画を目指すことを視野に入れた一連の主体的な学習活動も想定している」と記載されている（高等学校学習指導要領解説【地理歴史編】、pp.66〜75）。

3. 教科の特性を活かして探究的な学習をどう組み込んだか

学習指導要領「地理総合」では、身につけるべき「知識」を「生活圏の調査を基に、地理的な課題の解決に向けた取組や探究する手法などについて理解すること」、身につけるべき「思考力・判断力・表現力等」を「生活圏の地理的な課題について、生活圏内や生活圏外との結び付き、地域の成り立ちや変容、持続可能な地域づくりなどに着目して、主題を設定し、課題解決に求められる取組などを多面的・多角的に考察、構想し、表現すること」としている（p.50）。また、中央教育審議会答申（2016）では「社会的事象の地理的な見方・考え方」を「社会

的事象を位置や空間的な広がりに着目して捉え、地域の環境条件や地域間の結びつきなどの地域という枠組みの中で人間の営みと関連づけること」と示している。これらを踏まえて身近な地域の問題を扱った課題解決型の活動を行い、情報収集のツールとしてRESASを活用した。

4. 実践の具体的な特徴

（1）指導と活動の流れ

　東京都立豊島高等学校1年生3クラスを対象に授業を行った。生徒2人に対して1台タブレットPC（dynabook）を配付し、RESAS（地域経済分析システム）を使用して授業を行った。RESASは2015年に国が公開したツールで、内閣官房と経済産業省が提供しており、国勢調査などで収集した「ビッグデータ」をもとに「人口マップ」「産業マップ」「農林水産業マップ」「観光マップ」などの機能を用いて、情報をグラフや主題図に表すことができる。授業は、都立高校の生徒に関わりを持たせるため東京23区の諸課題を扱った。授業は「①RESASの基本的な操作方法」「②問題背景の考察と調べ学習」「③解決策の考案」の全3時間である。

① RESASの基本的な操作方法

　1時間目の授業では、中間考査の返却を行ったため、後半30分間で「RESASの基本的な操作説明」を行った。まず「RESASの基本的な操作方法」を学ぶため学校の所在地である「豊島区」を取り扱った。生徒たちは「データ分析支援」から「豊島区」の人口増減や年齢層のデータを見ながら「2005年から人口が急増していること」「老年人口が増加していること」などの情報を読み取ることができた。その後、「類似自治体検索」や「任意自治体検索」から「練馬区」や「板橋区」を選択し、「豊島区」と比較しながらデータの読み取りを行った。このようにRESASには既にデータを簡素化してまとめてある「データ分析支援」機能があり、その中で他地域との比較ができる。また、「メインメニュー」を使えば自分の見たいデータを分野別に見ることもできる。クラスによって扱った分野は違うが「メインメニュー」から「地域財政マップ」で財政の比較、「まちづく

りマップ」で流入者の内訳、「企業活動マップ」で世界の貿易などを見ていった。「まちづくりマップ」の「通勤通学人口」を使い「豊島区」に流入している通学者数とその内訳を見た際には、「確かにクラスには練馬区や板橋区から通学してきている人が多い」と納得する生徒が多数いた（**写真1・2**）。

写真1：RESASを使用する生徒

写真2：授業風景

② 問題背景の考察と調べ学習

　2時間目からは仮説検証型の授業に入っていく。テーマは、2020年に大きな話題となった新型コロナウイルスについてである。内容は、2020年10月時点の東京23区内のコロナウイルスの陽性者数をまとめたデータを生徒に提示し、新型コロナウイルス陽性者がどのような地域に分布しており、なぜそうなるのかを考察し、感染症対策の案を考えるというものである。

　導入として、新型コロナウイルスの陽性者の最も多い都道府県を生徒に聞いてみる。ほとんどの生徒が「東京都」と答えることができた。その理由についても生徒は「人口が多いから」と考えることができた。その後、「都道府県別の陽性者数」と「都道府県別の人口」を提示したところ、多くの生徒が「陽性者が多い都道府県は人口が多い」という関連性を発見することができた。そして「人口が多い地域に陽性者数が多い」と生徒に認識させた後、続いて「都道府県別の人口に対する陽性者数の割合」を提示した。そこには「東京都」「沖縄県」「大阪府」「福岡県」と並んでおり、人口だけでは説明できない序列になっていた。このように「人口が多い地域だからといって、人口に対する陽性者の割合が高くなるわけではない」と生徒が理解した後、展開へと入った。

〔Ⅰ〕　まず生徒は、「23区別の人口（居住人口）」と「23区別の陽性者の数」を

示した**図1**を見ながら、疑問に思ったことや気づいたことをプリントのⅠ（図1）に記入した。その後、何人かに聞いてみると「人口12位である新宿区が陽性者では1位になっている」「練馬区は人口が多いのに陽性者はあまり多くない」「北区は人口が多いのにも関わらず陽性者数が少ない」「港区は人口が下から7番目なのに陽性者数は3番目に多い」などの意見が出た。

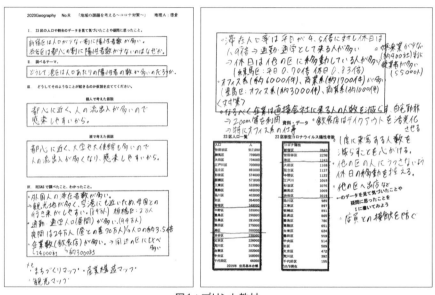

図1：プリント教材

〔Ⅱ〕　次にテーマの提示を行った。本来ならば生徒が個人や班で考えた問題を扱いたかったが、時間の制限もあったためこちらから1つ提示した。

　　今回は人口17位、陽性者数3位、人口に対する陽性者の割合が2位の「港区」を選び「どうして港区は人口あたりの陽性者の数が多いのだろうか」をテーマとした。

〔Ⅲ〕　続いて「どうして港区は陽性者の割合が高いのか」という学習課題に関わる「仮説」を考える時間に入った。まず生徒は地図帳をヒントに各自で考え、プリントのⅢ【個人で考えた仮説】（図1）に考えを記入した。その後、それぞれが班になって意見の共有を行い、プリントⅢ【班で考えた仮説】（図1）の記入を行った。何班かに聞いてみると「大学や大使館が多いので人が密集するのでは

ないか」「飲食店が多いからマスクを外している人が多いのではないか」「お台場や東京タワーなど観光地が多いから人がたくさん来るのではないか」「商業施設や遊ぶ場所が多いから人が集まるのではないか」など様々な仮説が出てきた。

〔Ⅳ〕 RESASを起動させた後、ルーブリックの一つの観点である「情報収集・分析」の活動を行っていく旨を伝え、自由に調査活動をする時間とプリントのⅣを記入する時間を取った。机間指導をしながらノートブックの画面を見てみると、多くの生徒が「港区」の「昼間人口」「流入者数」「企業数」「飲食店の数」などを調べることができていた。その後、何班かに検証結果を聞き、電子黒板に投影しながらそれらを確認した（**写真2**）。取り上げた内容は、「昼夜間人口比率が386%で昼間人口は23区で１番多い約94万人であること」「企業数が約24,000社と23区で１番多いこと」「東京タワーや六本木ヒルズ、お台場など都内でも人気の観光地が多いこと」「飲食店が3,064店と新宿区に次いで多いこと」などである。

③ 解決策の考案

最後の授業では検証結果をレポートにまとめる作業を行った。各自で好きな題名（**図2の①**）を決めた後、前回の授業での検証結果をレポートに記入する作業を行った。前回は、調べた情報を箇条書きでプリントのⅣ（図１）に記入していたが、今回はそれらを生徒が自身の言葉で文章にしてまとめた（**図2の②**）。多くの生徒が、「港区は昼間人口が23区で1番多いため、区外から流入してくる通勤・通学

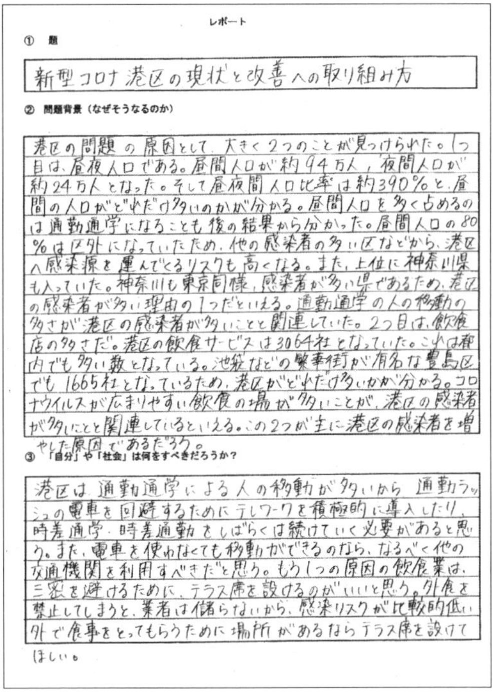

レポート

① 題

新型コロナ港区の現状と改善への取り組み方

② 問題背景（なぜそうなるのか）

港区の問題の原因として、大きく２つのことが見つけられた。1つ目は、昼夜人口である。昼間人口が約94万人，夜間人口が約24万人となった。そして昼夜間人口比率は約390%と、昼間の人口がどれだけ多いのかが分かる。昼間人口を多く占めるのは通勤通学になることも後の結果から分かった。昼間人口の80%は区外になっていたため、他の感染者の多い区などから、港区へ感染源を運んでくるリスクも高くなる。また、上位に神奈川県も入っていた。神奈川も東京同様、感染者が多い県であるため、港区の感染者が多い理由の1つだといえる。通勤通学の人の移動の多さが港区の感染者が多いことと関連していた。2つ目は、飲食店の多さだ。港区の飲食サービスは3064社となっていた。これは都内でも多い数となっている。池袋などの繁華街が有名な豊島区でも1665社となっているため、港区がどれだけ多いかが分かる。コロナウイルスが広まりやすい飲食の場が多いことが、港区の感染者が多いことと関連しているといえる。この２つが主に港区の感染者を増やした原因であるだろう。

③ 「自分」や「社会」は何をすべきだろうか？

港区は通勤通学による人の移動が多いから通勤ラッシュの電車を回避するためにテレワークを積極的に導入したり、時差通学・時差通勤をしばらくは続けていく必要があると思う。また、電車を使わなくても移動ができるのなら、なるべく他の交通機関を利用すべきだと思う。もう1つの原因の飲食業は、三密を避けるために、テラス席を設けるのがいいと思う。外食を禁止してしまうと、業者は儲らないから、感染リスクが比較的低い外で食事をとってもらうために場所があるならテラス席を設けてほしい。

図２：レポート

者がウイルスを運びこみ、感染を広げているのではないか」と昼夜間人口比率や他地域間との関連性を踏まえ、マクロな視点で問題背景を考察していた。また、RESASの産業データから「企業数」「飲食店数」「観光地」が多いことに着目して「港区で昼夜間人口比率が高くなる原因」まで考察したレポートも多く見られた。

図3：ルーブリック

評価／項目	A（よくできた）	B（できた）	C（普通）	D（あまりできなかった）
課題発見・仮説	データや資料を見て仮説を立て、RESASで調べるべき情報を予想できた。	データや資料を見て問題を発見し、仮説を立てることができた。	データや資料を見て疑問を持ち、問題を発見することができた。	疑問や問題を見つけることができなかった。
情報収集・分析（RESASの使用）	RESASで情報を得て、「どうしてそうなるのか」を分析し、伝えたいことをまとめることができた。	RESASで情報を得て、「どうしてそうなるのか」を分析することができた。	RESASで人口や産業などの情報を得ることができた。	課題についての情報を得ることができなかった。
課題に対する姿勢	RESASで得た情報を活用して「自分」や「社会」が今後すべきことを提案し、文章にまとめることができた。	RESASで得た情報を活用して「自分」や「社会」が今後すべきことを見つけることができた。	RESASで得た情報を活用して「自分」や「社会」にはすべきことがあるのだと実感することができた。	RESASで得た情報を「自分」や「社会」の問題意識へと結びつけることができなかった。

自己評価をしよう

課題発見・仮説　　　　Ⓐ–B–C–D
情報収集・分析　　　　A–Ⓑ–C–D
課題に対する姿勢　　　Ⓐ–B–C–D

　その後、「問題背景を調べるだけで終わるのではなくそこから何ができるのか、何をすべきなのか」まで繋げることが大切であることを示し、問題背景を踏まえて解決策を考案する活動に入った。何班かに聞いてみると、「港区民は区外の流入者からウイルスをもらっている可能性が高いため、通勤・通学者の規制をかけてリモートワークを推奨する」「港区は飲食店が多いため完全な規制はできないがテイクアウトや閉店時間を早くする」などの意見があがった。

　中には「通勤者を減らすためリモートワークにするべき」という意見に対して、「港区は観光業も多いため完全リモートでの仕事は難しいのではないか」といった意見もあり、クラス全体で討論をすることができていた。最後に生徒は、ルーブリックを見ながらA～Dの4段階で自己評価を行った（図3）。

5. これからの実践の方向——GISを活用した授業の課題と改善——

　最後に配付したアンケートでは以下のような感想・意見が見られた。

・身近な問題について仮説を立て、様々な情報を集め、問題背景を分析することを通して、地域の問題について深く考えるきっかけとなった。
・今度は自分が住んでいる板橋区についての地域の問題を減らし、少しでも地域をよりよくしていきたいと感じました。
・資料をたくさんの中から見つけることが面白かった。友達がいることで一点からしか見られなかった事実が違う角度から知ることができた。

RESASは様々な分野のデータが一瞬でわかるため、GISを初めて使用する生徒も簡単に操作ができており「RESASの使い方はわかりやすかった」と答え

	A	B	C
課題発見・仮説	104人	5人	0人
情報収集・分析	100人	9人	0人
課題に対する姿勢	78人	31人	0人

図4：レポートの評価結果

た生徒は約83%（88/107人）に及んだ。プリントとレポートを評価すると「課題の発見、仮説の考察（プリント教材）」「RESASからの情報収集、問題背景の考察（レポートの②）」は多くの生徒がAだった（図4）。しかし、「課題に対する姿勢（レポートの③）」は文章にまとめられず箇条書きで記している生徒が一定数見られたためBが多くなった。これはレポートの作成時間が少なかったことが原因だと考える。

今回は紙媒体でレポートを作成したが、PowerPointやWord等を用いれば、RESASの図表やグラフを貼り付けてポスターや新聞形式のレポートを作成することもできる。また、情報科や総合的な探究の時間などと連携を図ることも有効になってくるだろう。「地理総合」では地域の課題を題材とした活動において、教科書以外からの情報が必要となってくる。課題発見・解決のために必要な情報をGISから集め、データ分析と仮説検証を行うことでより深い学びが実現できると考える。今後の実践研究の課題としたい。

※本実践は、早稲田大学教職大学院の学校臨床実習Ⅰとして行われたものである。

歴史総合　1年

5 探究的な学習を通じて概念的知識を深める「歴史総合」の学習
—— 国民国家に関する資料を探し、考察する授業 ——

渡辺 研悟
（神奈川県立光陵高等学校）

1. この授業のねらいと概要

　本実践は、神奈川県立光陵高等学校で行った国民国家について考察する授業である。内容としては、新学習指導要領「歴史総合」の大項目B「近代化と私たち」における中項目 (3)「国民国家と明治維新」に該当する。

　授業では、生徒の探究する力や、自らの学習を改善する力を育むため、生徒が問いに対して、習得した知識や概念を活用し、諸資料をもとに考察すること、考察した内容を自分なりに小論文にまとめて表現する活動を行った。また、学習評価にはルーブリックを用い、生徒同士の相互評価を通じて、自らの学びを再構築できる場面を設けるとともに、最後に自らの学習を振り返る活動を行った。

2. 学習指導要領との関わり

　「歴史総合」における探究する活動については、高等学校学習指導要領解説【地理歴史編】（平成30年告示）の中で「生徒の発想や疑問を基に生徒自らが主題を設定し、これまでに習得した概念を用いたり、社会的事象の歴史的な見方・考え方を働かせたりして、諸資料を活用して主体的に多面的・多角的に考察、構想し、表現する活動である。また、生徒が充実した探究活動を行うためには、教師の支援が大切である」と説明されている（p.182）。

社会的事象の歴史的な見方・考え方の働かせ方については、「時期や推移など
に着目して因果関係などで関連付けて捉え、現代的な諸課題の形成に関わる近現
代の歴史について考察したり、歴史に見られる課題や現代的な諸課題について、
複数の立場や意見を踏まえて構想したりすること」(p.125)とされていることか
ら、習得した知識を踏まえ、国民国家の形成という概念に関する三つの観点（啓
蒙思想・自由民権運動・学校教育）を生徒に示し、その因果関係を資料を踏まえ
て考察する課題を設定した。また、「歴史総合」では「近代化の歴史に存在した
課題について、同時代の社会及び人々がそれをどのように受け止め、対処の仕方
を講じたのかを諸資料を活用して考察し、現代的な諸課題の形成に関わる近代化
の歴史を理解する」(p.151)ことが求められているため、「統合・分化」の観点
を踏まえて、国民国家の形成を考察できるような工夫を試みた。「統合・分化」
の観点は中項目(4)「近代化と現代的な諸課題」において示されているものだ
が、本実践では発展的な取り扱いとして、中項目(3)の内容に関連付けて取り組
んだ。なお、「統合・分化」などの観点で歴史事象を捉えることは、「歴史総合」
の目標(2)に掲げられた「概念などを活用して、多面的・多角的に考察」するこ
とにつながるものである。

3. 教科の特性を活かして探究的な学習をどう組み込んだか

　本実践は、国民国家についての考察を深め歴史学習における「深い学び」を目
指すものだが、大切なことは、近現代の歴史に関わる諸事象の知識の習得を前提
にしつつ、諸事象の意味や意義、特色などの概念の活用を行うことである。そし
て、課題を主体的に追及し解決する探究的な学習を通じて、国民国家についての
多面的・多角的な考察が可能となり、「深い学び」が実現できる。

4. 実践の具体的な特徴

(1) 指導と活動の流れ
　本実践は全3時間で単元を構成し、探究的な学習をサポートする冊子型の「学

習の手引き」（**写真1** ※ダウンロード資料を参照）を生徒に配付した。

なお、新政府の成立や文明開化における福沢諭吉など啓蒙思想家の紹介、学校教育（学制と教育令）の開始、初期の自由民権運動の広がりについては既習事項である。

写真1：学習の手引き

① 深い学びとは何かを理解する

最初に学習の意義をしっかりと説明することが重要である。特に、調べ学習と探究的な学習の違いを意識させるため、「情報の切り貼りではなく、自分で集めた情報をもとに課題や疑問を解決することが目的です」「そのような力は将来の学びのために必要なものです」と「学習の手引き」に沿って生徒に伝えた。

② 知識を確認する

国民国家の考察を進める上で前提となる、近代化政策についての知識を確認する。「新政府はどのような国を目指したのか」「そのような国を目指した背景」「新政府の具体的な政策例」を、既習のノートやプリント、史料に基づきグループで「学習の手引き」にまとめた。

③ 問いに対する仮説を立てる

生徒個人が「学習の手引き」にあげた以下の3つのテーマの問いから、取り組みたいものを一つ選ぶ。

> ・国民国家の形成に対して啓蒙思想が果たした役割は何だろうか
> ・国民国家の形成に対して自由民権運動が果たした役割は何だろうか
> ・国民国家の形成に対して学校教育が果たした役割は何だろうか

問いを選んだら、その問いに対する仮説を4行程度書いた。ここで書いた仮説は資料を探す際のヒントや観点となる。

④資料を探す

資料は、①教師が示す資料、②生徒が探す資料を用いるようにした。①については、テーマ毎に教師が参考文献から抜粋した文をGoogle Classroom上にPDFで公開し、生徒が簡単に利用できるようにする。②については、「学習の手引き」に参考文献の探し方を載せ、図書館の利用法、Google ScholarやCiNiiなど論文検索サイトの利用法、巻末資料の見方、専門事典の利用法などを基に、自ら主体的に参考文献を収集していった（**写真2・3**）。

写真2：図書室で資料を探す

写真3：スマホでCiNiiを調べる

⑤ 情報を整理してまとめる

④で収集した情報を整理し「学習の手引き」の中の「情報カード」に記入した。「学習の手引き」には、情報を「重要な事実」「筆者の主張」で分けることや引用の仕方、要約の仕方を具体的な手順とともに載せた。このように、情報の整理の方法を丁寧に示すことで、途中で挫折することなく、ステップバイステップで、多くの生徒が小論文を完成させることができる（「学習の手引き」、pp.9〜11）。

⑥ 表現する

まとめた情報を基に、③のテーマに応じた小論文を作成する。小論文は300字以上500字以内とした。

⑦ 相互評価を行う

　ルーブリック（後述）を用いて、お互いの小論文を評価し、評価されたことに対する考察を書く。生徒同士の相互評価を交えることで、対話的な学びの機会を作り出し、生徒が自身の学習を多面的・多角的に振り返る視点を養うことができる。このような活動は探究的な学習には必要な要素だといえるだろう（**写真4**）。

写真4：相互評価を行う様子

⑧ 概念的知識を活用して考察する

　概念的知識とは転移が可能な知識であり、小論文を作成する過程でそれを活用したことで、国民国家に対する概念的な理解が深まったはずである。そこで、テーマに関係する新聞記事を読み、考察する活動を行った。本実践では、中国における愛国教育が国家形成にどう利用されているかを取り上げた。新聞記事を読んだ生徒は、国民国家について学習した知識を交えて読み、自分なりの考察をした。

⑨ 学びの振り返りを行う

　一連の学習を通じて「身についたこと・学んだこと」、自身の「学習への取り組みにおける改善点」を整理してまとめた。生徒の主体的な学びにおいては、このように生徒が自身を省みる活動を入れることが重要である。

（※ダウンロード資料「生徒の振り返り」を参照）

（2）探究の特色ある活動

　諸資料の活用について、「課題の解決に向けて必要な社会的事象に関する情報を収集する技能、読み取った情報を課題の解決に向けてまとめる技能」（pp.125〜126）を育むため、本実践では、単に教員側が資料を提示するだけに留まらず、「学習の手引き」で生徒が主体的に資料を収集する手順を示した。生徒が自ら資料を探すことで、より一層、多面的・多角的な考察ができるようになる。

こうした整理された情報を、歴史的な見方・考え方に基づいて活用するのだが、因果関係や比較に基づいて知識が活用できるよう、**資料１**のような表現の型を示すことが効果的である。型を示すことで、生徒は因果関係や比較を意識して情報をまとめ、論述に知識を活用することができる。

探究的な学習は「考察、構想し、表現する」とあるように、自分の言葉で学んだことを整理し、まとめる必要がある。そこで本実践では300〜500字の小論文を作成したが、その際に、ルーブリックを用いることで、習得した知識を活用すること、参考文献を用いて自分の考えを書くこと、現代的な諸課題にも着目することを促すことができる（**資料２**）。

内容	割合（目安）	基本形・書き出し
問いの提示	10％以下	「国民国家の成立に対して①②③が果たした役割はなんだろうか」
意見提示	20〜30％	「先ずいえるのは…」「一般的には…」「第一に…」など
展　開	40〜50％	「一方で…」「しかしながら…」「見方を変えると…」「第二に…」など
結　論	10％以下	「以上により…」「したがって…」「結論として…」など

資料１：表現の型

また、完成した小論文を、ルーブリックに示した３つの観点に基づいて、生徒同士が具体的に評価し合った。他者の意見を踏まえて自己の学びや記述内容を省みることは、「主体的・対話的で深い学び」の実践となる。

（3）学習評価の在り方

評価基準（ルーブリック）のメリットは、ペーパーテストでは測れない学力を評価できること、さらに、評価基準を言葉で示すことで、生徒の思考の視点や論点をしっかりと設定することが可能となることである。

本実践では「統合と分化」という現代的な諸課題をとらえる観点を踏まえた考

	知識の活用	参考文献の引用	現代的な諸課題への着目
4点	今までに習得した知識を5つ以上踏まえて、自分の考えを、説得力を持って書くことができている。	因果関係を説明するために自ら探した参考文献から引用できている。	「統合・分化」について、現代との比較を踏まえた自分なりの考察が書かれている。
3点	今までに習得した知識を5つ以上踏まえて、自分の考えを書くことができている。	因果関係を説明するために参考文献から引用できている。	「統合・分化」について自分なりの考察が書けている。
2点	今までに習得した知識を踏まえて自分の考えを書くことができている。	参考文献から引用できている。	「統合・分化」に着目した記述になっている。
1点	今までに習得した知識を活用していない。	参考文献からまったく引用できていない。	「統合・分化」に着目した記述ではない。

資料2：評価基準(ルーブリック)

察をさせる目的から、そのような基準を評価基準（ルーブリック）に入れた。表現の型や評価基準（ルーブリック）を歴史的な見方・考え方に合わせることで、漫然とした思考ではなく、目的をしっかりと定めた探究的な学習を実践することが可能となる。一例として、生徒の小論文のうち、ルーブリックの評価で12点がつけられるものを提示する（写真5）。

5. これからの実践の方向

探究的な学習についてはこれからも様々なやり方が提案されるだろうが、課題に向き合い、主体的に答えを追究していく活動であることに変わりはない。今後は、生徒が収集する資料の質などにも配慮した実践を展開していきたい。

【注記】この実践は移行措置期間での試行的実践であるため、「歴史総合」を想定して2年生の日本史Bで行ったものであるが、2022年度からは「歴史総合」は1年生で実施予定である。

国民国家の成立に対して、自由民権運動が果たした役割は何だろうか。一般的に自由民権運動は、政府に不満を持った人々が、国会の開設を求めると言う運動だと見を反知られている。しかしながら、自由民権運動が、民主主義の形成を促して、国民主権は民主主義にあたるという視点において、国民意識の形成に関して日本近代主義も現代国家の歴史研究の国民主義を、西欧を実現するものである（坂本2012，P.265）。自由民権運動は人民に自己形成を促そうとし、自覚的に国民意識が本においたのだろう。さらに、国民主権を「国民主義」を重視していた日本が近代国家であること（八代2010，P.302）、日本が欧米列強に対して当時の日本が半条約改正や治外法権の撤廃、国会により国民、自由民権運動は国民国家の基盤になったと言える。

写真5：生徒が作成した小論文
※ 他の論文はダウンロード資料参照

──参考文献──
・澤井陽介『授業の見方──「主体的・対話的で深い学び」の授業改善』東洋館出版社、2017年。
・澤井陽介『見方・考え方［社会科編］──「見方・考え方」を働かせる真の授業の姿とは？』東洋館出版社、2017年。
・田中博之『アクティブ・ラーニング「深い学び」実践の手引き』教育開発研究所、2017年。
・田中博之『「主体的・対話的で深い学び」学習評価の手引き』教育開発研究所、2020年。
・渡辺研悟「高等学校地理歴史科における生徒自らが問いを立てる力を段階的に育む授業の開発」『早稲田大学教職大学院紀要13号』2021年、pp.41～54。

6

「公共」における
探究的な学習の試行的実践

—— カリキュラム・マネジメントに基づく
領域横断的な学習モデルの開発 ——

勝又 慎介
（静岡県立沼津東高等学校）

1. この授業のねらいと概要

　本実践は、「公共」の探究的な学習を想定し、現行の現代社会において実践したものである。「公共」における探究的な学習とは、各学習分野を段階的に経て、各領域を横断的に学習するものである。そのため、中長期的なカリキュラム・マネジメントが必要となる。

　今回は、学期の間で弾力的に各領域を学ぶカリキュラムを設定し、それらを横断的・総合的に学ぶことを想定した、探究的な学習の試行的実践である。

2. 学習指導要領との関わり

　新科目「公共」の内容は大きくA〜Cの三大項目に分かれている。学習分野を踏まえると、以下のようにまとめられる（**図表1**）。

A　公共の扉**（倫理的分野）**

B　自立した主体としてよりよい社会の形成に参画する私たち**（政治・経済的分野）**

C　持続可能な社会づくりの主体となる私たち**（現代の諸課題）**

※下線部は学習分野

図表1：「公共」の三大項目

「公共」では、**Cが探究的な分野**と位置づけられ、高等学校学習指導要領の内容の取り扱いにおいては、「Aで身に付けた選択・判断の手掛かりとなる考え方や公共的な空間における基本的原理などを活用するとともに、A及びBで扱った課題などへの関心を一層高めるよう指導すること。（中略）合意形成や社会参画を視野に入れながら**探究**できるよう指導すること。（中略）各領域を横断して総合的に**探究**できるよう指導すること」とある。

つまり、A、Bの領域をもとに、それらの知識を活用し、各領域を横断的かつ総合的に学習することが、Cの探究的な学習で求められている。

3. 教科の特性を活かして探究的な学習をどう組み込んだか

西岡・田中（2015）は、深い学びを促すため、**本質的な問いを設定**し、**逆向きに単元計画を設計**することを指摘している。また、田中（2011）は、**習得した知識を活用**することを指摘している。

これらの理論をハイブリッドに組み合わせることでより深い探究的な学習に切り込むことができると考えた。そして理論をもとに、1年次「現代社会」の授業において、**図表2**の通り授業計画を構想した。

探究的な学習をCとして逆向き設計し、A・Bで習得した知識をCで活用することを想定した。そして、Cの本質的な問い（探究的な課題）を「コロナ禍における私権制限の在り方を考える」とすることで、教科書の知識を活用する思考的なテーマとして、感染症予防教育を行うこともねらいとした。ここでいう感染症予防教育とは、感染症予防教育研究所の示す「カリキュラム編成の視点に基づき、（中略）感染症を予防する行動を取る責任感や道徳性などに関わる資質・能力を多面的に育成する教育のあり方」を指す（https://epid2020.com 参照）。

4. 実践の具体的な特徴

（1）指導と活動の流れ

次程	単元名	学習活動
第1次 （2時間）	**A（倫理的分野）** 自由の実現・人間と幸福 （功利主義・義務論・リバタリアニズム）	・ジレンマ問題等、思考実験を題材に、道徳的な基準に関わる先哲の思想の知識に興味・関心を高める。
第2次 （2時間）	**B（政治・経済的分野）** 基本的人権（自由権）	・自由権をめぐる判例について理解を深める。 ・コロナ禍における私権制限の事例を調べ、興味・関心を高める。
第3次 （4時間）	**C（現代の諸課題）** 持続可能な社会を考える **※探究的な学習**	・コロナ禍における私権制限と公共の福祉の在り方について考える。

図表2：授業計画

　第1次（A・倫理的分野）では、サンデル（2012）において議論されたテーマをいくつか取り上げながら、先哲の思想に対する知識の習得や、道徳的基準に対する関心等を高めようとした。議論したテーマは、「殺人に正義はあるか」、「命に値段をつけられるのか」等である。これら思考実験を題材に、功利主義、義務論、リバタリアニズムの考えを整理していった。

　第2次（B・政治・経済的分野）では、基本的人権（自由権）を取り上げ、自由権に関する過去の判例を説明し、コロナ禍における私権制限の事例を調べさせ、次の授業に向けて興味・関心を高めた。

　第3次（C・現代の諸課題）では、「コロナ禍における私権制限の在り方」について自身の意見を表現させた。パフォーマンスの方法は、討論及びレポートである。

（2）探究の特色ある活動

　第3次（C・現代の諸課題）で行った、探究的な学習の具体的取り組みについては以下の通りである。

① 討論学習

　レポート学習の前に討論学習を行った。討論を行うだけでも立派なパフォーマンス課題となるが、レポートの前段階として対立する両者の意見を議論させ、意見を深めることをねらいとした。また、レポートの個人作業に入る前に、対話を通して意見を交わし、多面的・多角的な視点を持たせたかったことも理由としてあげられる。討論は、クラスを4グループに分け、以下のテーマに対し肯定・否定に分けた（図表3）。

テーマＡ：感染症対策のため、経済活動を制限することは許されるか
テーマＢ：感染症対策のため、携帯端末の位置情報により個人の行動を把握することは許されるか

図表3：討論テーマ

　上記のテーマを設定した理由は、経済活動や個人の行動把握に関する内容は、私権制限に関わる重要な項目であり、討論をする上で妥当であると判断したからである。また、勝敗はテーマに対する自身の意見が、討論後に変容した場合、傾倒した側へ1票入れることとし、価値観の変容の程度を重視する裁決方法を採った（事前・事後で意見が変わらない場合は、どちらの票にもならない）。また、討論の際には出典の明記を指示し、実際の討論では生徒自身の携帯端末から画面ミラーリングをして資料を提示させる等、ICTの活用も図った（**写真1・2**）。実際の議論のやり取りの記録はフローシートに記録をさせた（**図表4**）。

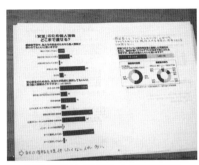

写真1：生徒が準備した発表用資料

写真2：生徒の発表の様子

① 肯定側 立論	制限しないと状況が悪化し、死者が増えてしまう。人との接触をへらし感染をおさえることができる。コロナ対策に対する意識が高まる。一斉にやることで効果がでる。などでクラスターがおこることが減るから安心できる。
② 否定側 立論	移動、営業、財産権の自由が制限される。生活に支障をきたしている。コロナ初期は不安で自粛していたけど、今は慣れてしまっているので意味がない。失業者が増えてしまう。→経済が発展しない。
③ 否定側 質疑	Q コロナに慣れてしまった中で制限しても意味がないのではないか。 Q 感染で死亡するよりも制限によって自殺している人の方が多いのではないか。
④ 肯定側 答え	A 制限しないともっと守らない人がでてくる。 A 政府からの支援金がでている。

図表4：討論のフローシートの記録

また、討論学習に際し、「公共」の学習指導要領の目標を踏まえ、アンケートを実施した（**図表5**）。

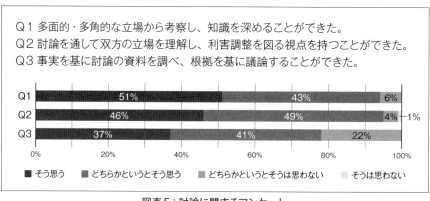

図表5：討論に関するアンケート

　各グループとも、根拠をもとに主張を展開しており、時間のない中よく準備をしていた。しかし、足場掛けが足りなかった点もあり、資料準備に課題が残るグループもあった（Q3）。発表の前に、教員がチェックして必要な助言を与え、資料の量や質を高める指導を行うことが改善点としてあげられる。一方、多面的・多角的な立場から考察することや、双方の立場を理解することでは肯定的な割合が高く（Q1、Q2）、一定の成果を得られた。学習指導要領の目標には、「事実

を基に多面的・多角的に考察し公正に判断する力や、合意形成や社会参画を視野に入れながら構想したことを議論する力を養う」(pp.92〜93) とある。討論は、上記の力を養う上で効果的であると考える。

② レポート学習

　討論後にレポート課題を提示した。レポートのテーマは以下の通りである (図表6)。

　コロナ禍における私権制限について考える。先哲の思想 (功利主義、義務論、リバタリアニズム等) を引用し、人権、公共の福祉という用語を用いて、自身の意見を述べよ。また、反対意見に対して反駁をし、字数は原稿用紙1枚以上でまとめること。

図表6：レポート課題のテーマ

　テーマ設定の理由としては、上述の通りA (倫理的分野) とB (政治・経済的分野) の知識を活用した領域横断的な課題であること、また、時事的テーマとして社会的な課題を考察するとともに感染症予防教育に繋げることもねらいとしている。また、多面的・多角的な視点を持たせるため、必ず反駁を行うことを設定した。

　学習指導要領における目標を参考に、レポート学習までを通したアンケートを実施し、結果は以下の通りである (図表7)。

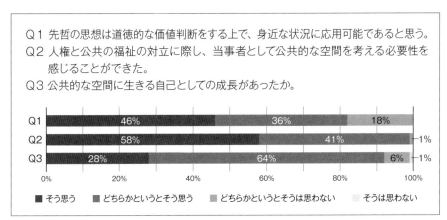

Q1 先哲の思想は道徳的な価値判断をする上で、身近な状況に応用可能であると思う。
Q2 人権と公共の福祉の対立に際し、当事者として公共的な空間を考える必要性を感じることができた。
Q3 公共的な空間に生きる自己としての成長があったか。

	そう思う	どちらかというとそう思う	どちらかというとそうは思わない	そうは思わない
Q1	46%	36%	18%	
Q2	58%	41%		1%
Q3	28%	64%	6%	1%

図表7：学習全体を通してのアンケート

多くの生徒は肯定的な回答だったが、Aの領域である先哲の思想の身近な状況への応用については、「そうは思わない」という回答も多く、学習内容と指導上の難しさを実感した（Q1）。また、「公共」の学習指導要領には「自らを成長させる

先哲の思想を学んだことにより、社会には、いくつかの幸福の在り方が存在することを知ったので、誰かと誰かが対立を目の当たりにしても、両者ともに、少なくとも、どちらにも正しい（幸福の追求に対して）部分があることをふまえて、考えるようにしよう。という意識がでてきたから。

公共的な空間に生きる自己としての成長はあったと思います。理由は、自分たちの身の回りのことがあったけど、あまり深くは考えたことが無かったことを、討論や、レポート学習を通して様々な立場、方面から考えることができたと思うからです。

図表8：生徒の感想

人間としての在り方生き方について理解すること」（p.93）という記述がある。これは、内容領域としては、A（倫理的分野）であるが、自己成長とは、「公共」の一つの主要なねらいであり、ひいては探究的な学習に繋がるものと考える。よって、Q3の理由を記述式アンケートで実施した。難しい問いであったが、肯定的な回答も多かった（図表8）。

（3）学習評価の在り方

レポート課題に対して、以下の通り、ルーブリックを設定した（図表9）。

評価	主張と根拠	問題点や課題点への返答	文章表現	知識理解
3点	テーマに対する自身の主張の立場が明確で、主張の根拠が具体的かつ論理的に述べられており、説得性がある。	自身の意見の問題点や課題点ついて取り上げ、それについて具体的かつ論理的に反駁し、説得性がある。	文の構造が論理的で簡潔に表現されている。かつ文字が綺麗で、図表等が挿入されており読み易い。かつ将来の視点や展望が示されている。かつ指定語句を用い指定字数に基づいている。	既習知識が正しく理解されている。また、自身で調べた学習内容が述べられており、より広い知識の定着が見られる。

※12点＝A＋、11点＝A、10点＝B＋、9点＝B、8点＝C＋、7点＝C、6点以下＝Fとする

図表9：ルーブリックの一部

本実践以前に、一度レポート課題を課したことがあり、相互評価で「良いレポートとは何か」という問いを投げかけた。その際、生徒の意見を整理しルーブリックを作成した。事前に同様のパフォーマンス課題を提示し、相互評価で検証することで、評価の妥当性と信頼性を向上することができると考える。実際の生徒の作品の例は、図表10の通りである。

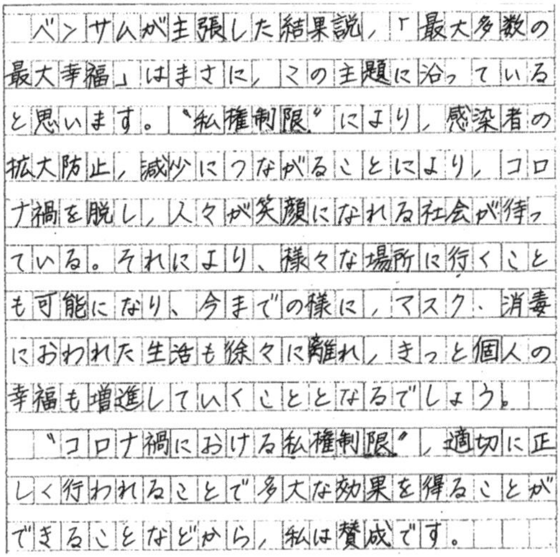

ベンサムが主張した結果説、「最大多数の最大幸福」はまさに、この主題に沿っていると思います。"私権制限"により、感染者の拡大防止、減少につながることにより、コロナ禍を脱し、人々が笑顔になれる社会が待っている。それにより、様々な場所に行くことも可能になり、今までの様に、マスク・消毒におわれた生活も徐々に離れ、きっと個人の幸福も増進していくこととなるでしょう。"コロナ禍における私権制限"し適切に正しく行われることで多大な効果を得ることができることなどから、私は賛成です。

図表10：レポート課題の一部

5. これからの実践の方向

「公共」における探究的な学習は、各領域を横断的・総合的に行うものである。標準単位数の少ない中、Cの領域にまで発展していくことが求められ、また、AとBを相互に関連させ、Cに繋げる授業設計は非常に難しかった。探究的な学習における問いとは、「正解のない問い」だろう。探究に向けた問い作りも今後の課題である。田中（2017）は、カリキュラム・マネジメントの手法の一つとして、重点単元を明示するとともに、毎年の実践をもとに改善を重ねていくことを指摘している。限られた時間の中で工夫を施しながら、探究的な学習の在り方を模索していきたい。

──参考・引用文献──
・西岡加名恵・田中耕治『新しい教育評価入門・人を育てる評価のために』有斐閣コンパクト、2015年。
・田中博之『言葉の力を育てる活用学習』ミネルヴァ書房、2011年。
・感染症予防教育研究所ホームページ（https://epid2020.com）。
・マイケル・サンデル『ハーバード大学白熱教室講義録＋東大特別授業　上・下』ハヤカワ文庫、2012年。
・田中博之『アクティブ・ラーニング「深い学び」実践の手引き』教育開発研究所、2017年。

7 反転授業を導入した確率の探究的な学習の実践と評価

名知 秀斗
(岐阜県立華陽フロンティア高等学校)

1. この授業のねらいと概要

　この授業では、確率分野において、日常生活の視点から探究の過程を取り入れることで、数学への意欲の向上を目指すことをねらいとする。そして、その際に、近年、日本の高等学校においても注目されるようになってきている「反転授業」の教育手法を取り入れる。

　次項では、育成が求められている資質・能力について確認した上で、上記のような探究的な学習を数学教育にて行う理由を、高等学校学習指導要領を用いながら確認していく。

2. 学習指導要領との関わり

　新学習指導要領において、育成が求められている資質・能力は、「知識及び技能」、「思考力、判断力、表現力等」及び「学びに向かう力、人間性等」の3本の柱で整理される。本実践では、「学びに向かう力、人間性等」に含まれる、数学への意欲を高めることをねらいとする。

　学習指導要領解説【数学編】には、「…『見方・考え方』が、習得・活用・探究という学びの過程の中で働くことを通じて、資質・能力が更に伸ばされたり、新たな資質・能力が育まれたりし…」(p.23)と記載されている。ここから、数学的な『見方・考え方』を探究の過程で働かせることで、「学びに向かう力、人間性等」等の資質・能力の育成を目指せると考えられる。ここで、数学的な「見

方・考え方」について、「生活の中で数学を用いる場合にも重要な働きをするものと考えられる。」(p.24)と、「見方・考え方」と「日常生活」の関係性も指摘されている。この指摘から、数学的な見方・考え方は、日常生活に関わる題材においてうまく働かせられれば、その結果として数学への意欲の向上につながりやすくなると考えられる。そこで、本実践では、確率の「日常生活に関わる題材」を扱うことにした。

3. 教科の特質を活かして探究的な学習をどう設定したか

ここでは、数学の確率分野において、どのようにして探究的な学習を取り込んだのか、理論的背景も示しながら示す。

本実践では試行的に、総合的な探究の時間における探究の過程を、数学Ⅰの探究的な学習に組み込むために用いた。この理由は、数学分野において、統計分野の探究の過程は、学習指導要領解説【数学Ⅰ編】において「統計的探究プロセス」として示されているが(p.45)、確率分野における探究の過程は、具体的に示されていないからである。理数探究における探究の過程を活用することも考えられたが、総合的な探究の時間における過程のモデルの方が、汎用性が高く、確率分野にも援用しやすいと考えられたため、本実践では、試行的に総合的な探究の時間における探究の過程のフレームワークを用いた。

4. 実践の具体的な特徴

(1) 指導と活動の流れ

本実践は、50分授業3時間を用いて行った。対象は、高等学校2年生の2クラスの生徒たちであった。実践を行った高校は、定時制の高校の一つである、華陽フロンティア高等学校である。

本実践では、「1．課題の設定」→「2．情報の収集」→「3．整理・分析」→「4．まとめ・表現」という総合的な探究の時間における探究の過程を、数学Ⅰの確率の授業に援用し、探究的な学習を「反転授業」という教育方法で行った。

反転授業とは「説明型の講義等基本的な学習を宿題として授業前に行い、個別指導やプロジェクト学習等知識の定着や応用力の向上に必要な学習を授業中に行う」教育方法のことで（山内・大浦、2014）、事前に動画視

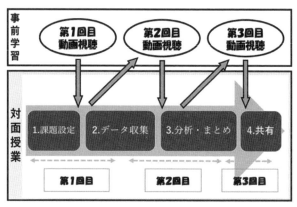

図1：反転授業を導入した確率の探究的な学習の実践の流れ

聴等を通じた学習を行うことで、対面授業において確保された時間を有意義に使うことが可能となる。反転授業についての詳細は、「(2) 探究の特色ある活動」で後述する。

　今回実践した授業は、図1のような流れで行った。流れの具体的な説明の前に、まず、各回で事前に視聴させた動画の役割を説明する。今回の実践では、動画を、各回の対面授業で行う活動の流れや、活動時の留意点、授業時の持ち物や課題を事前に伝えるためのツールとして用いた。これらの教師からの指示は、これまでは、対面授業の中で行ってきた。しかし、反転授業にすることで、事前に教師からの指示を生徒に伝えることができる。これによって、対面授業では、より多くの時間を探究的な学習の活動にあてられるようになるというメリットがある。

　次に、実際の授業の流れを説明する。第1回目については、第1回目の動画にて、「ペットボトル等のふたの表が出る確率」「じゃんけんカードで勝つ確率」「あたり棒が出る確率」「自分が考えた確率」という4つのテーマを紹介し、最も関心があるテーマを対面授業までに、1つ選択して予習させる課題を提示した。これは、「1. 課題設定」に該当する。対面授業では、選択した自分の課題と、予想される結果とその理由をワークシートに事前に記述させた（図2）。そして、実際に、課題に応じて生徒が持参したペットボトルのふた等の道具を使って、「2. データ収集」をさせた（写真1・2・3）。

「1. 課題を考えよう！」

(1)選んだ番号に〇をつけよう！➡ ①・②・③・④
(①〜④の内容：①「ペットボトルのふた」、②「じゃんけんカード」、③「割りばしの当たりくじ」、④「その他」）

(2)具体的な内容と予想

「(①を選らんだ場合の例)：500回投げた時ペットボトルのふたの底がある方が「表」になる確率は、3分の1になる。」

ペットボトルのふたと石更貨を投げて、ふたの底がある方が「表」になる
確率と石更貨が表になる石確率を比べたら、ペットボトルの方が「表」に
なりやすい。（45回投げて）

(3)理由

「(①を選らんだ場合の例)：ふたの底の面積が大きい方が、安定すると思ったから。」

石更貨は平べったいが、ふたの方は平べったくないし、形も全然違う
から。

図2：ワークシート記述①

写真1：ふたの表が出る確率

写真2：じゃんけんカードの確率

写真3：あたり棒の確率

　第2回目について。第2回目の動画は、「2．データ収集」やその次の段階である「3．分析・まとめ」のやり方やコツを指示する内容とした。対面授業時は、「2．データ収集」を行うとともに、「2．データ収集」が終わった生徒から、「3．分析・まとめ」を行うよう指示した。この「3．

分析・まとめ」では、生徒自身が集めたデータをもとに、実際に確率を算出させた（図3）。そして、算出した実際の結果と、事前に予想していた結果が合っていたか確認させ、結果から分かったこと等を記述させた。そして、授業全体の感想についてワークシートに記述させた（図4）。

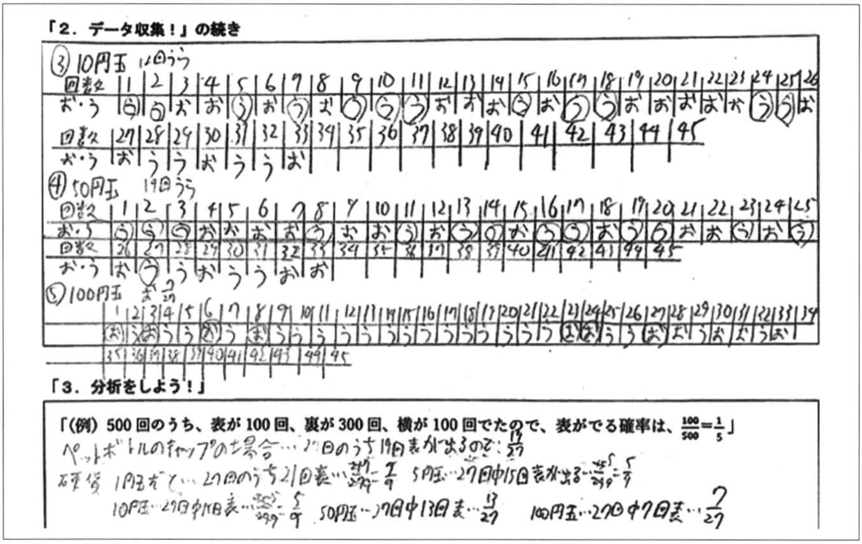

図3：ワークシート記述②

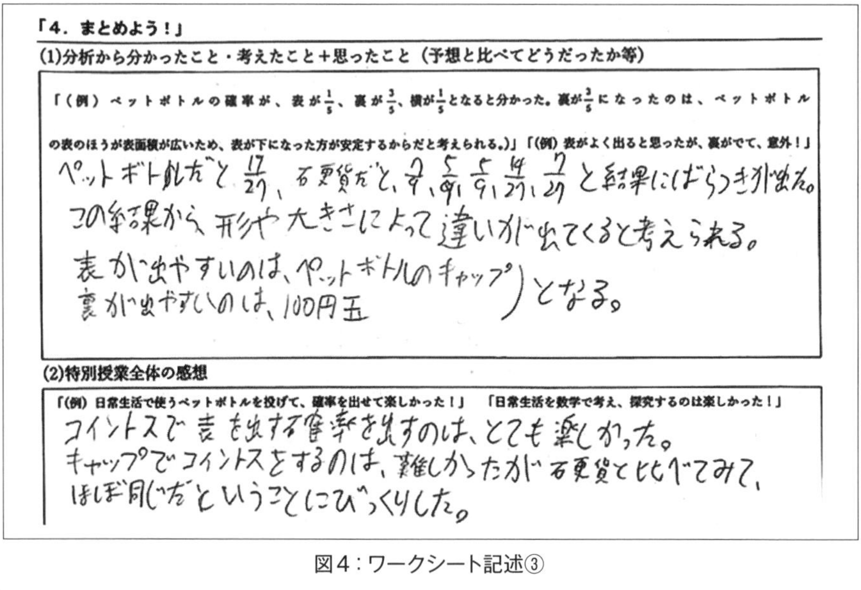

図4：ワークシート記述③

最後の第3回目について。第3回目
の動画は、ワークシートの相互評価に
よって、自分と仲間の考えを共有し合
う「4．共有」についての内容とし、
対面授業前に、イメージを膨らませ
た。実際の対面授業では、「4．共有」
として、他の生徒3人のワークシート
を評価する活動を行わせた。

写真4：ワークシート評価

　具体的に、生徒全員に記述したワー
クシートを教室の自分の机の上に置かせ、自分の後ろの3人の生徒のワークシー
トを相互評価させた（**写真4**）。授業終わりには、教師が総括を行い、振り返り
シートを記入させた。

（2）探究の特色ある活動

　本実践の特色の一つは、反転授業である。この反転授業は、探究的な学習と相
性が良いと考えられる。一般的に、探究的な学習は対面授業において、多くの時
間を要することが多い（例えば、名知、2020）。しかし、事前に動画視聴をさせ
ることで、対面授業では、多くの時間を探究的な学習の各フェーズにあてること
が可能となる。つまり、これまで対面授業で行っていたガイダンス（何をその日
の探究的な学習で行うのかの具体的な説明や、その日の授業のめあての提示等）
を、授業前の動画視聴で行うことにより、対面授業では多くの時間が確保され
る。この反転授業によって、通常授業で行うよりも少ない授業時間で、充実した
探究的な学習をさせることができるようになった。

（3）教材の工夫

　教材の工夫として、生徒が選ぶテーマを確率の「日常生活に関わる題材」に設
定したこと、そして、テーマを選択式にしたことが挙げられる。今回の授業で
は、生徒たちに、先述のような「日常生活に関わる題材」の4つから選ばせた。
生徒たちは、「日常生活に関わる題材」を数学的に探究することで、数学を身近

に感じていた様子であった。また、自分にとって関心のあるテーマを選択させることで、より関心を持って確率について探究することができていた。

　本来ならば、「1．課題設定」は、選択式でなく、自分で一から設定することが望まれるだろうが、それが難しい場合、課題設定を選択式にするといった、生徒に合わせた段階的な工夫も必要になる。探究力の高い生徒には、自分が設定した課題の確率を出させる等の工夫を行うことで、より個別に最適化した探究的な学習を経験させられると考えられる。

（4）学習評価の在り方

　学習評価として、数学への意欲が向上したのかを確認するために、2012年度PISA調査の「数学における興味・関心や楽しみ」の3項目を用いて質問紙を作成した。「あてはまる（5）」から「あてはまらない（1）」の5件法で事前と事後に回答を求め、回答はそれぞれ5点から1点に得点化し、事前から事後への数学への意欲の上昇について調べた。

　t検定で分析した結果、数学への意欲がすべての項目で、実践前より実践後の方が、得点が一定程度、有意に高くなっていた（**表1**）。このことから、本授業は、一定程度、数学への意欲の向上を促したと考えられる。

質問項目	反転授業 受講者（n=35）		
	pre	*post*	*t*値
1．数学の授業が楽しみである	3.43 (1.29)	3.83 (1.06)	2.51 ＊
2．数学の勉強をしているのは楽しいからである	3.40 (1.34)	3.71 (1.18)	1.74 ＋
3．数学で学ぶ内容に興味がある	3.49 (1.08)	3.80 (1.19)	1.79 ＋
3項目の合計	10.31 (3.54)	11.34 (3.31)	2.22 ＊

注）（　　）は標準偏差　　　　　　　　　　　　　　　+p<.10　＊p<.05

表1：数学への意欲の評価

5. これからの実践の方向

　今回設計した反転授業を導入した確率の探究的な学習の授業は、表1の結果からも、一定程度、目標とした数学への意欲の向上を促したといえる。また、活動時も「楽しい！面白い！」という、笑顔な生徒たちの様子も見られた。しかし、課題として、反転授業を行う際、事前学習の動画を視聴してこない生徒が一定数いたという点が挙げられる。どのように工夫すれば事前に動画を視聴してくるのか、今後検討の余地が残る。

──参考文献──
・ジョナサン・バーグマン、アーロン・サムズ著、山内祐平・大浦弘樹監修、上原裕美子訳『反転授業』オデッセイコミュニケーションズ、2014年。
・名知秀斗「高等学校数学に統計的探究プロセスを導入した授業設計──批判的思考態度を中心とした効果検討──」『早稲田大学教職大学院紀要第12号』2020年、pp.75〜86。
・国立教育政策研究所編『生きるための知識と技能5──OECD生徒の学習到達度調査(PISA)2012年調査国際結果報告書』明石書店、2013年。

8

化学結合と物質の分類における化学的探究モデルの活用

折霜 文男
（東京都立山崎高等学校）

1. この授業のねらいと概要

　この授業は、新学習指導要領で謳われている「課題の把握（発見）、課題の探究（追究）、課題の解決という探究の過程」を踏まえた「化学基礎」における探究的な学習を実施したものである。対象生徒は1年生の化学基礎を履修している192名である。この授業では「探究の過程全体を生徒が主体的に遂行できるようにすること」（高等学校学習指導要領解説【理科編】、p.7）を目的とし、異なるレベルの探究的な学習を組み込むことで、「科学的に探究するために必要な資質・能力」を育むことをねらいとした。

2. 学習指導要領との関わり

　高等学校学習指導要領では「物質の構成」における目標で、観察・実験等を通して、次の事項を身に付けることができるように指導することが述べられている。

> ア 物質の構成粒子について、次のことを理解すること。また、物質と化学結合についての観察、実験などを通じて、次のことを理解するとともに、それらの観察、実験などに関する技能を身に付けること。
>
> イ 物質の構成について、観察、実験などを通して探究し、物質の構成における規則性や関係性を見いだして表現すること。

この単元では、「理科の見方・考え方を働かせ、物質の構成粒子について理解させ、また、化学結合についての観察、実験などを通して、物質と化学結合について理解させるとともに、それらの観察、実験などに関する技能を身に付けさせ、思考力、判断力、表現力等を育成すること」（高等学校学習指導要領解説【理科編】、p.88）が求められている。また、「思考力、判断力、表現力等を育成するに当たっては、物質の構成について、観察、実験などを通して探究し、物質の構成における規則性や関係性を見いだして表現させること」及び「話し合い、レポートの作成、発表」（同上、p.88）が重視されている。よって、そうした探究的な活動を行うように求めた。

3. 教科の特質を活かして探究的な学習をどう設定したか

それでは次に、理論的な観点から探究の過程を踏まえた「化学」における探究的な学習をどう設定したのかについて紹介する。

筆者が化学基礎における探究モデルを開発する上で依拠した資料は「資質・能力を育むために重視すべき学習過程のイメージ」（同上、p.10）、Kath Murdochの探究モデル、探究の4つのレベルと生徒に与えられる情報（Banchi & Bell, 2008）である（表1）。これらの資料を参考に化学的探究モデルを作成した（図1）。

なお、この化学的探究モデルは観察、実験などに関する技能を身

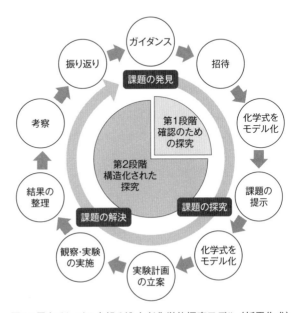

図1：異なるレベルを組み込んだ化学的探究モデル（折霜作成）

に付けること、物質の性質における規則性や関係性を見出すことができるように、異なるレベルの探究を組み込んでいることが特徴である。

レベル	問い	進め方	答え
レベル１：確認のための探究 教員が作成した問いに対する結果が事前に示されており、生徒は探究の基本原理を確認する。	✓	✓	✓
レベル２：構造化された探究 教員が作成した問いと進め方が提示され、生徒は自ら探究学習を進める。	✓	✓	
レベル３：ガイド付きの探究 教員が作成した問いが提示され、生徒は自ら考えた進め方で探究学習を進める。	✓		
レベル４：自由な探究 生徒が作成した問いを、生徒が考えて選んだ進め方で探究学習を進める。			

表1：探究の4つのレベルと生徒に与えられる情報（佐藤、2021）

4. 実践の具体的な特徴

（1）指導と活動の流れ

　本単元は全6時間で構成し、生徒一人ひとりが主体的に探究的な学習に取り組むことができるよう、異なるレベルの探究を組みこんだ。

〈第1段階〉確認のための探究（1時間目〜2時間目）

　「ガイダンス」では化学的探究モデルをガイドする「探究の手引き」（学習の手引き）を配付し、探究活動の流れや学習評価の説明を行い、学習への見通しを持てるように伝えた。次に、「招待」では「どんな方法でデンプンと食塩を区別できるのか」という問いから、デンプンと食塩の「化学式をモデル化」して捉え、デンプンと食塩に含まれる構成粒子や粒子の大きさに気付かせた（**写真1**）。続いて、デンプンと食塩を区別するための方法を考えさせた。ここでは、いくつ

か考案した実験のうち、物質を燃焼させる、水に溶解させてろ過する等の実験方法を演示実験で行い、デンプンと食塩を区別できることに気付かせた。

〈第2段階〉構造化された探究（3時間目〜6時間目）

「課題の提示」では「どのようにすれば、5つの物質（塩化ナトリウム、砂糖、スズ、ナフタレン、石英砂）を分類できるのか」という問いを提示した。5つの物質の「化学式をモデル化」して捉え、構成粒子に着目させ、化学結合の分類を行った（写真2）。

写真1：構成粒子に着目させた様子

写真2：化学式をモデル化した様子

次に、「実験計画の立案」では5つの物質を分類するための方法を個人内で考えさせ、クラスで実験方法を検討した。その結果、化学結合の特徴を押さえ、「固体の電気伝導性を調べる」、「水溶性と水溶液の電気伝導性を調べる」、「融解のしやすさを調べる」実験を考案することができた（写真3）。

写真3：実験計画を個人で考える様子

次に、「観察・実験の実施」では結晶の性質から物質を見わけるための実験手順や装置図が記載されたプリントを配付した。ここでは、教員の指示に基づき、結晶の性質を調べることに取り組ませ、化学結合を調べるための実験方法の習得も目指している。得られた結果は実験を

進めていく中で記録をさせ、「結果の整理」に取り組ませ、班員で結果の情報共有も行わせた（写真4・5）。

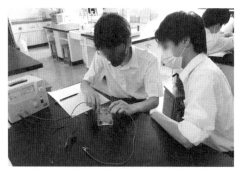
写真4：観察・実験の様子

写真5：観察・実験の結果を記録した様子

　次に、「考察」は観察・実験で得られた結果を分析・解釈するため、教科書や資料集を参考にして実験レポートにまとめさせた。考察をさせる時には板書に「なぜ、この実験操作をしているのか？」という問いに対して「〜のためである」や「なぜなら、○○である」という考察の型を提示している。ここでは化学結合の違いに着目して、実験操作で得られた結果を組み合わせ、化学結合との関係性を実験レポートに表現させることを目指した。

　最後に、「振り返り」ではルーブリックで観察・実験で身に付けた資質・能力を自己評価する学習活動を実施した。

（2）特色ある探究的な活動

　この実践では、特色ある探究的な活動として新学習指導要領が示す「探究の過程全体を生徒が主体的に遂行できるようにすること」ができるよう、異なるレベルの探究的な学習を組み込んだ。また、探究の手引きや実験手順書が記載されたプリントを配付した。

　これによって、「自然の事物・現象に対する概念や原理・法則の理解、科学的に探究するために必要な観察、実験などに関する技能などを無理なく身に付け」（高等学校学習指導要領解説【理科編】、p.11）、探究の過程で科学的に探究するために必要な資質・能力を育むことができた。

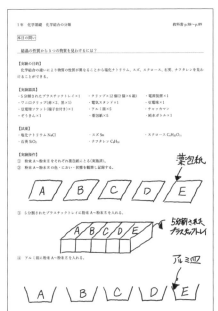

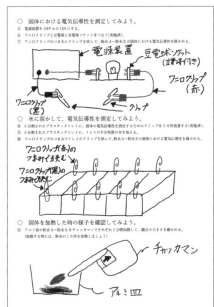

写真6：実験の手順書

（3）教材の工夫

　本校には燃焼さじ、電球とプラグ付きコード等の実験器具が不足している実態があった。この他に、グループで協力して、化学の観察・実験に慣れていない実態があった。そこで、筆者がこの授業の単元を開発する上で依拠したのは「結晶の性質から物質を見わける」（木下實・大野公一ほか17名、2017）である。

　本実践では教科書に記載されている探究活動の取組を参考にして、生徒一人ひとりが安全・安心に実験を実施できるように実習支援員の鈴木美紀や横川孝義と試行錯誤を重ね、「固体の電気伝導性」や「水溶性と水溶液の電気伝導性」を観察できる教材を用意して行った。

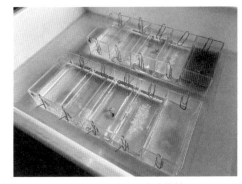

写真7：用意した実験教材

（4）学習評価の工夫

　この実践では、ルーブリックを用いた自己評価を行うことを通じて、科学的に探究するために必要な資質・能力の育成に取り組ませたことが特徴である（図2）。「ガイダンス」の時に本単元で育成する資質・能力の観点や化学的探究モデルを説明したことで、生徒一人ひとりが主体的にモデルに沿って科学的に探究するために必要な資質・能力を発揮させることにつながった。

評価レベル ＼ 資質・能力	主体的に探究する態度	化学的な知識を理解する力	観察・実験の結果を分析・解釈する力	観察・実験を計画する力
3	化学結合に関する事象・現象に進んで関り、見通しを持ち、振り返りながら、粘り強く探究に取り組んでいる。	化学結合の性質をモデルや言葉で捉えて説明できる。	化学結合に関する事象・現象の中に問題を見出し、目的意識を持って、観察・実験等を行い、結果を分析し、自分の考えを表現できている。	化学結合に関する基本的な原理を踏まえ、実験計画を立てることが十分にできる。
2	化学結合に関にする事象・現象に進んで関わり、見通しを持ち、振り返りながら、探究に取り組んでいる。	化学結合の性質を言葉で捉えて理解できている。	化学結合に関する事象・現象の中に問題を見出し、目的意識を持って、観察・実験等を行い、自分の考えを表現できている。	化学結合に関する基本的な原理を踏まえ、実験計画を立てることができる。
1	化学結合に関する事象・現象に進んで関わることができていない。	化学結合の性質を理解できていない。	化学結合に関する事象・現象の中に問題を見出し、目的意識を持って、観察・実験等を行ったが自分の考えを表現できていない。	化学結合に関する基本的な原理を踏まえ、実験計画を立てることができていない。

※1を1点、2を2点、3を3点として採点してみよう
　合計点　（　　　　　）／12

図2：評価ルーブリック

5. 実践の成果とこれからの実践の方向

　この実践では探究の手引きや実験手順書を配付し、異なるレベルの探究を組み込んだ化学的探究モデルを用いて、探究活動の学習支援を行った。その結果、生徒達からは「実験では班員と協力し、安全に行うことが出来ました」（生徒Aの原文）、「それぞれの物質にあてはまる性質などをよく考えることが出来た」（生徒Bの原文）、「結果が出たときに、なぜこうなったのか？というのが理解できるようになりました」（生徒Cの原文）などの科学的に探究するために必要な資質・能力の育成に関する記述を得ることができた。しかし、この実践では、実験レポートの「考察」において結果から解釈したことを記述することに課題がある。今後は、この点に配慮した実践を行いたい。

──参考文献──

・Banchi, H., & Bell, R (2008)「The many levels of inquiry」,『Science and Children』, 46 (2), pp.26-29.
・佐藤浩章『高校教員のための探究学習入門　問いから始める7つのステップ』ナカニシヤ出版、2021年、p.20。
・木下實・大野公一ほか17名『化学基礎　新訂版』実教出版、2017年、pp.88〜99、p.101。

9

「パラリンピック」に
関するプレゼンテーションを
行う探究的な学習

梅津 遼太
（早稲田大学教職大学院修了生）

1. この授業のねらいと概要

　この授業は、新学習指導要領のもとで新しくなった「英語コミュニケーションⅠ」における探究的な学習を、「パラリンピック」に関する情報の活用をもとにしたプレゼンテーション活動を通して実施したものである。

　この授業では、「社会的な話題を取り上げ、多様な情報を活用して、理由と根拠を示しながら情報の要点を捉えて論理的に英語で伝える」ことを本科目における探究的な学習の特徴としてとらえた。

　そして、授業実践の時点で生徒たちにとってタイムリーな、社会的な話題である「パラリンピックはなぜ、会場に来たいと思う観客が少ないのか」という問いを学習課題として設定して、既存のアンケート調査結果の情報を活用し、理由説明のフレームワークを活用して論理的なプレゼンテーションを行うことにした。

　以上のような特色ある探究的な学習を行う上で参照した学習指導要領の規定を次に見ていくことにする。

2. 学習指導要領との関わり

　高等学校学習指導要領では、「英語コミュニケーションⅠ」の話すこと［発表］の目標について、次のように定めている。

イ 社会的な話題について、使用する語句や文、事前の準備などにおいて、多くの
　支援を活用すれば、聞いたり読んだりしたことを基に、基本的な語句や文を用
　いて、情報や考え、気持ちなどを論理性に注意して話して伝えることができるよ
　うにする。(p.217)

　この目標から、本科目では、「社会的な話題」を取り扱って、「論理性に注意
して話して伝えること」が大切であることがわかる。
　また、本科目で育成を図る資質・能力（思考力・判断力・表現力等）について、
目標の項目のイとウによれば、「得られた情報や考えなどを活用」して、「要点
や意図などを明確にしながら，情報や自分自身の考えなどを伝え合う」ことが求
められていることがわかる。(p.165)
　さらに、「言語活動に関する事項」のオ話すこと［発表］においては、「情報や
考え、気持ちなどを理由や根拠とともに話して伝える活動」を行うように求めて
いることがわかる。(p.166)
　以上の規定を参考にして、学習課題と探究的な学習の特徴を決定した。

3. 教科の特質を活かして探究的な学習をどう設定したか

　それでは次に、理論的な観点から、「英語コミュニケーションⅠ」における探
究的な学習の活動系列をどう構成すればよいかについて考えてみたい。
　筆者がこの授業の単元を開発する上で依拠した、桑田てるみ (2016) の「探究
学習」の過程は、「決める」「問う」「集める」「考える」「創る」「振り返る」の
6つのプロセスモデルからなっている。
　このプロセスモデルは、十分に探究的な学習の特徴を捉えているが、これらを
このまま英語科に適用可能であるとはいえない。なぜなら、英語で表現すること
には段階的な支援が必要であり、内容を構成した時点（「創る」）ですぐに発表を
促すことは生徒にとって困難な場合が多いからだ。
　外国語科の教科書を読む際に発音や音読の指導を行うように、発表活動の前に

も外国語科では不可欠な基礎的で補充的な指導を行うことが必要である。したがってこの実践では英語で発表するための「練習」をプロセスモデルの中に組み入れて、教科の特質に応じた探究的な学習のデザインを試みることとする。今回実践した「探究の過程」を図1に示す。

```
ステップ1  決める  大テーマの下調べ
①パラリンピックについて、知っていることを書こう
②パラリンピックの抱える課題について知ろう

ステップ2  決める  小テーマの選択・問いの生成
①課題について、KJ法を用いて班で整理しよう
②理由について考えてみよう

ステップ3  集める  情報の収集
理由を裏付ける、情報を集めよう

ステップ4  考える  情報の整理・分析
情報から読み取れたことを、自分でまとめてみよう

ステップ5  考える  問いへの答え
得られたデータをもとに、班で話し合ってみよう

ステップ6 7  創る  問いの答えを他者に伝える準備をする
①班で助け合いながら、調べたことを原稿にまとめよう
②発表するときに使うボードを完成させよう

ステップ8  練習する  問いの答えを他者に伝える準備をする
自分の発表する内容の発音があっているか確認してもらおう

ステップ9  発表する  問いの答えを他者に伝える

ステップ10  振り返る  探究の評価
ルーブリックを用いて、他の班の発表を評価しよう
```

図1：本授業の探究の過程の10ステップ（梅津）

4. 実践の具体的な特徴

（1）指導と活動の流れ

　東京都が平成30年1月に公表した「オリンピック・パラリンピック障害者スポーツ世論調査」の結果によると、オリンピックについて、「競技会場で直接観戦したい」と答えた人が42.1％いた一方で、パラリンピックでは18.9％にとどまっていた。そのことから、授業の学習課題を設定した。

　この実践は全4時間で単元を構成し、探究の過程をガイドする「探究ブックレット」（学習の手引き）を作成して生徒に配付した。本校では外国語科の授業で習熟度別のクラス編成を採用している。本実践は基礎クラスで行った。基礎クラスは17人で構成されている。実施学年は、2年生である。

ステップ1　決める──大テーマの下調べ

　まずステップ1は、生徒たちが学習課題を理解することが目的である。パラリンピックについて知っていることを「マッピング」するよう促し、知識を整理してもらったのちに、東京都の世論調査を報道するインターネット記事を通して学習課題を明示的に伝えた。

ステップ2　決める──小テーマの選択・問いの生成

　「会場に来たいと思う観客が少ない」という課題について、その理由を検討するステップである。生徒には4名ほどのグループを作ってもらい、KJ法を通して「なぜそのような課題があるのか？」をまとめるよう促した。

　その後、図2のような選択肢を示し、その中から妥当だと思われる理由を選んでもらった。この際、グループで一つの理由を選ぶことになるため、グループ内での協議が必要となることを意図した（写真1）。

この問題の原因となっているのは、以下のうちどれだろう
班で出た意見に近い選択肢の○を塗りつぶそう

○ People want to watch the Paralympics on TV, and the Internet.
○ People have never watched the parasports.
○ People feel that going to the venues is difficult.
○ People don't know how to watch the Paralympics.

図2：答えになる英文の選択肢　　　　写真1：グループで協議をしている

ステップ3　集める──情報の収集

　それぞれのグループが選んだ理由を支える根拠となるデータを見つけることを次のステップでの目的とした。授業者が与えた資料から、選んだ理由に応じたデータを生徒に選択してもらった。ここで用いた資料は、先述の調査結果を筆者が英語に翻訳したものである（図3）。生徒は、英語で説明されたグラフからデータを読み取っていった（写真2）。「探究ブックレット」には、スマホで資料を取り出すためのQRコードを付けておいた。

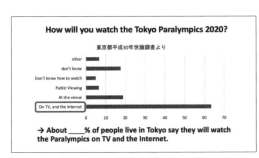

How will you watch the Tokyo Paralympics 2020?

東京都平成30年世論調査より

other
don't know
Don't know how to watch
Public Viewing
At the venue
On TV, and the Internet

0　10　20　30　40　50　60　70

→ About ＿＿＿% of people live in Tokyo say they will watch
the Paralympics on TV and the Internet.

図3：英語で示したグラフの一例

写真2：各自のスマホでグラフを読み取る

ステップ4　考える──情報の整理・分析

　前のステップで読み取った情報を要約・整理して、「探究ブックレット」に書き込んでもらった。

ステップ5　考える──問いへの答え

　ここでは、グループ内でデータから読み取った情報内容を検討し、理由を裏付けるものであるかを判断することを生徒に促した。

ステップ6・7　創る──問いへの答えを他者に伝える準備をする

　これらのステップでは発表する際の「原稿・資料を作成すること」と「発表用ボードを作成すること」の2つを生徒に促した（写真3）。また、「探究ブックレット」に書く活動の文型のモデルを示したり、語彙を補うため発表の時に生徒が活用できる基本的なセンテンスをいくつか例示したりした。

ステップ8　練習する──問いへの答えを他者に伝える練習をする

　練習する場面においては、「原稿の内容や発音を教師にチェックしてもらうとサインがもらえる」という状況を設定し、筆者やALT、参観に来ていた外国語科の先生方から最大で4つのサインをもらうよう生徒に促した。

ステップ9　発表する──問いへの答えを他者に伝える

　生徒に発表を行ってもらい、発表しない生徒にはルーブリックを用いて相互評価することを促した（図4）。発表会では、原稿を見ることなくジェスチャーを交えて担当部分を発表する生徒もいて多くの工夫が見られた（写真4）。

写真3：発表用ホワイトボード

	話している様子	論理的表現
レベル3	練習の成果が発揮されていて、流暢に話している。	主張－理由－データが一貫性を持っている。
レベル2	ところどころ詰まってしまっている。	データはあるが、筋が通っているか疑問がのこる。
レベル1	原稿をただ読み上げているようだ。	理由だけになってしまい、根拠に欠ける。

図4：相互評価用ルーブリック

ステップ10　振り返る――探究の評価をする

　筆者が示したアンケートを通して、「探究の過程」を生徒に振り返ってもらった。
（詳細は、ダウンロード資料を参照のこと）

(2) 特色ある探究的な活動

　この実践では、特色ある探究的な活動として、新学習指導要領が示す「情報や考え、気持ちなどを理由や根拠とともに話して伝える活動」を組み入れた。そのために、生徒にはプレゼンテーションの内容構成のモデルとして、「データ、理由、事実、結果」を構造的に可視化する理由説明モデルを提供し、さらに、「探究ブックレット」にはそのモデルに沿ったプレゼンテーション原稿の作成を支援する内容構成シートを入れた（図5）。これにより、生徒たちは理由と根拠の明確

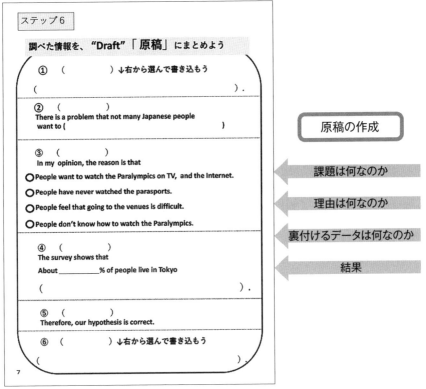

図5：発表用原稿の作成を支援する理由説明の型を入れた構成シート

なプレゼンテーションをすることができた。

（3）教材の工夫

　教材の工夫としては、生徒による探究的な学習を支援する学習モデルとして、プレゼンテーション原稿の作成を支援する語彙リストを「探究ブックレッ

写真4：英語プレゼンテーションの様子

ト」に入れて活用させることで、書くことが苦手な生徒の支援となり、意見の形成と根拠の明示について集中して取り組めるようになった（図6）。これは、新学習指導要領が求める、「使用する語句や文、事前の準備などにおいて、多くの支援を活用」（p.164）することを具体化したものである。

（4）学習評価の工夫

　この実践では、ルーブリックを用いた自己評価と相互評価を行うことを通して、プレゼンテーションの修正に取り組ませたことが特徴である。

5.　実践の成果とこれからの実践の方向

　今回の実践では、「探究ブックレット」を用いて、生徒に対して積極的な学習支援を行った。その結果、生徒からは、「今後いろいろな形で発表するかもしれないが、今回学んだことを生かしていきたい。」「データ、理由、事実、結果という流れを知れてよかった。」「最後にまとめたことを発表することによって、他の班の意見を共有できるし、自分たちがまとめたことの復習にもなった。」といった肯定的な授業評価を得ることができた。

　ただし、生徒自らが学習課題を生み出す方が、「主体的・対話的で深い学び」を実現するにあたっては望ましい。今後の課題としたい。

```
発表するときの、お助けワードリスト

左のDraftの文章に、下の言葉も取り入れてみよう。


 ・ Hello, everyone.
   みなさん、こんにちは。

 ・ We would like to show you our study.
   みなさんに私たちの研究の結果をお伝えします。

 ・ The survey shows that~
   調査では、〜ということがわかります。

 ・ Therefore, our hypothesis is correct.
   したがって、私たちの仮説は正しい。

 ・ Let's enjoy the Paralympics in Tokyo.
   パラリンピックを楽しみましょう。

 ・ Do you have any questions?
   何か質問はありますか?

 ・ Thank you for listening.
   聞いていただきありがとうございました。
                                          8
```

図6：発表原稿の作成を支援する語彙リスト

──参考文献──
・桑田てるみ『思考を深める探究学習　アクティブ・ラーニングの視点で活用する学校図書館』全国学校図書館協議
　会、2016年。

10

探究課題に基づく
デザイン思考を軸とした
起業体験プログラム

植草 穂乃花
（品川女子学院高等部）

1. この授業のねらいと概要

　本稿では、例年実施している起業体験プログラムの概要と2021年度高等部1年で8月までに取り組んだ実践の報告をする。

　起業体験プログラムとは、「起業マインドの育成」という本校のスクールポリシー達成のために組まれた、高等部（2021年度は中等部3年〜高等部2年）で実施する総合的な学習である。1クラスを1株式会社と見なし、事業として企画を進め、9月の文化祭で商品やサービスの販売活動を行う。

　起業体験プログラムのねらいとして、生徒たちには以下を示している。

①社会の仕組みを理解する。
②社会と自分の関わりを「業」を通して理解する。
③社会における自分の存在意義を考える。
④集団における役割分担を考え、組織運営について考える。

　この他、後述の本校独自の総合学習ルーブリック等にあるような、ものの見方・考え方やスキルの向上も目指している。

2. 学習指導要領との関わり

　高等学校学習指導要領解説【総合的な探究の時間編】では、「知識及び技能」

の習得にあたって、「課題の設定」「情報の収集」「整理・分析」「まとめ・表現」といった活動を想定している。

本校では、中等部1年次より総合学習の基軸として、デザイン思考（Design Thinking）を身につけるための学習活動を多く取り入れている。デザイン思考とは、デザイン（設計）

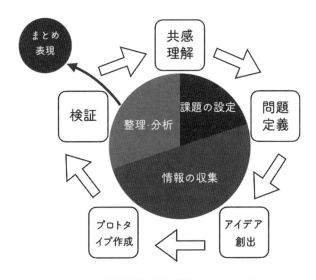

図1：学習指導要領とデザイン思考の関わり

に必要な思考方法と手法を通じてビジネスの課題を解決する考え方で、5つのステップを踏んで顧客のニーズを基盤にアイデアを創出するものである。ステップは1共感・理解→2問題定義→3アイデア創出→4プロトタイプ作成→5検証という流れで進み、5のあとは再び1に戻ってサイクルを回していく。学習指導要領の活動にあてはめると図1のようになり、「まとめ・表現」には文化祭当日に実施するサービスや商品の販売や展示が該当するだろう。最終的に、何かしらの形で必ず「成果を出す」必要があり、社会に関わっている当事者意識をもつことへとつなげることができる。

また、デザイン思考を基軸とすることで、事業は必ず理念から生まれ、逸脱がないかを確認しながらステップを進めていくことになるため、総合的な探究の特色である「汎用的な概念」がおのずと形成されていく。

「思考力、判断力、表現力等」については、p.14に「各学校が目標を実現するにふさわしい探究課題を設定することになる」とある。先述のとおり、本校では、アントレプレナーシップの育成に力を入れており、社会の課題を発見し、その解決のために周りを巻き込んで一歩を踏み出す志と行動力を伴った人を育てるための教育活動を行っている。この起業体験は、まさに目標の実現に直結する探

究課題といえよう。

　「学びに向かう力、人間性等」については、p.14に「自己の在り方生き方を考える」「社会や自然の中で何をすべきか、学ぶことの意味や価値を考える」「自分の人生や将来、職業について見通し、どのように在るべきか定めていく」とある。これらは冒頭に示した起業体験のねらいと一致している。本校の教育方針の根幹は「28プロジェクト」という、卒業して10年後の28歳のときにどのようになっていたいかをイメージしながら各学習活動を進めていくことにあり、「起業体験」でも生徒たちが経験したことや培ったスキルを自身の人生や社会に還元していくことを期待している。

3.　教科の特質を活かして探究的な学習をどう設定したか

　総合的な探究の時間の特色として、各教科の知識・技能や見方考え方を活かし伸ばすという点が挙げられる。起業体験に直接関係するスキルとして、中等部〜高等部1年の間に、国語演習でコミュニケーション（手紙の書き方、話し合いの仕方、インタビューの仕方）やプレゼンテーションのスキルを習得し、論理の仕組みを学ぶほか、数学でデータの活用方法、社会で株式会社の仕組み、情報でメールの書き方やWebサイトの作成方法などを学ぶ。この他にも、現代文でテーマ別に抽象的な文章を読解することによって概念形成の一助としたり、社会を考察する視点を増やしたり、実験重視の理科のカリキュラムによって仮説検証の方法を習得したりなど、幅広い分野の知識・技能を各教科で習得し、これらを活用する場として起業体験が想定されている。

　また、総合的な探究の時間に固有な見方・考え方を育むための活動には、デザイン思考のステップ1「ターゲットのインサイトを探ること」が該当する。インサイトとは、「隠されていたものを明らかにし、成果を生み出すこと。」（『欲望とインサイト：インサイトハンターの日常』、2021）と定義されており、「その人の立場だったら自分はどうだろうと想像してみる知的作業」（『他者の靴を履く　アナーキック・エンパシーのすすめ』2021）を伴って進めていく。つまり、ターゲットの立場を理性的に深掘りして理解し、（ターゲット自身も気づいてい

ないかもしれない）ターゲットが本当に望む方向に行動を変容させられる商品やサービスの提供を目指して、アイデア出しや企業との連携を進めていくことになる。

　中等部のうちからインサイトを探る体験ができるようなワークショップ型の授業を定期的に行うほか、毎年新学期に教員向けの校内研修を実施するなどして、学校全体にこの思考方法が浸透するように取り組んでいる。

4．実践の具体的な特徴

（1）指導について

　生徒たちには運営マニュアルや説明書のデータが配付されており、それらをベースに自主的に進められる環境が整っているため、教員の仕事は監査役としてスケジュールの確認、外部と関わる際の付き添いや、金銭の確認をすることが主

写真1：クラスのアイデアをまとめる取締役の生徒

である。もちろん、話し合いに加わり、ヒントを提示したり、方向性を示唆したりなど指導は行うが、ほとんどが生徒主体で行われ、取締役向けの説明会等も生徒会部の文化祭実行委員が運営する（写真1・2）。

（2）特色ある探究的な活動

　起業体験プログラムは半年かけて実施さ

写真2：付箋を整理する
　　　　取締役の生徒たち

れるため、多くの探究的な活動が含まれているが、その中でも特徴的なものを示す。

・テーマ決め

　起業体験を進める上で、テーマ決めは重要なポイントの一つである。各学年や担任によって進め方は異なるが、デザイン思考の出発点である「ターゲット」が文化祭の来場者となるため、必然的に「在校生」「受験生」「保護者」といった身の回

写真3：アイデアカードを参考に商品案を考える

りの人になることが多い。まずは、身の回りの困ったことなどを、イメージマップ等を活用して広げ、できるだけ具体的なターゲットを設定し、その課題をもとにテーマを絞る。

　販売するものは、前例のない独創的なものや本校の文化祭ならではの付加価値があるものを目指す。ターゲットのインサイトを探りつつ、それを満たせるような商品のアイデアを出していく。市販のアイデアカードなどを活用して考案していくクラスもある（写真3）。

・企業との交渉

　本校の文化祭企画は、中等部の展示発表から外部の企業や機関にご協力いただいて進めている。特に起業体験では、展示の監修や商品のコラボ、仕入れなどさまざまな形でご協力いただく必要があるが、それらの交渉も教員の監督下ですべて生徒が主体となって行う。先述のとおり、インタビューの仕方やお礼状の書き方などは中等部1年次に授業で学ぶほか、取材依頼の手紙や電話でのやりとりの際の基本的な流れは、上級生が使った台本データを受け継ぎ、適宜自分たちの使い勝手のよいように編集して使用している。

・起業体験プレゼンテーション

　6月半ばに起業体験サポート委員に向けて、各クラスの代表者が企業ごとに事業計画をプレゼンテーションし、出資金を募る。起業体験サポート委員は、経営や会計に関する専門的な知識や経験を持つ有志の保護者で結成され、このプレゼ

ンテーションから文化祭後の企業の解散まで評価や出資の判断などに協力していただいている。

　経営計画を立てる上で、予想販売個数、仕入れ個数、損益分岐点などを投資家たちに納得してもらえるように計算する必要があり、ここで数学的なものの見方・考え方が生かされる。

　プレゼンテーション後はサポート委員から疑問点や経営上のアドバイスなど率直なご意見をいただく。実際に社会で活躍されている方の声を伺う貴重な機会となっている。

（3）学習評価の工夫

　起業体験に関わる評価基準は大きくわけて3つある。

・起業体験プレゼンテーションの評価基準（クラス単位）

　6月に実施する起業体験プレゼンテーションは以下の観点で、サポート委員と担任をもたない担当教員によって評価をされる。点数と自由記述によるフィードバックコメントは、翌日生徒たちに伝えられ、事業計画や今後の活動計画の修正に生かされる。いわば中間評価である。

項目	配点	内容
理念性	4点	自己（企業）と社会とのつながりを意識し、明確なビジョンを持った企業理念であるか
貢献性	4点	社会や地域に貢献する活動であったか
チャレンジ性	4点	独自性を持ち、社会的に新しい事業への挑戦があるか
事業性	4点	的確な販売個数や価格の設定、適正な採算を設定したか
実行性	4点	企業理念を具体化し、的確なマーケティングやターゲット設定を行い、説得力を持った企業を展開しているか

起業体験プレゼンテーションにおける評価基準

・起業体験の総合評価（クラス単位）

　こちらもサポート委員と担当教員によって採点され、文化祭翌日の表彰式で上位のクラスの点数が公開される。

	項目	内容
事前〜**現場**	企業体験プレゼン	起業体験プレゼンテーションでの順位
	広報力	IRレポートを通じて、進捗状況を報告し、株主に対して「自分たちの理念の浸透」を如何にはかったか
	企画実行力	起業体験プレゼンテーションにおいて示した企画（事業計画）を具体化し、実行できたか（準備期間の活動の充実度と当日のオペレーション＋改善力との両方を見る）
	展示力	来場者へ自分たちの企画の趣旨を明確にしたか
	業績力	ROE※を含め、当日の販売数や集客力などが優れているか
	注意減点	イエローカードなどによる減点

総合評価

※ROE（Return On Equity：株主資本利益率）
　株主資本（株主による資金）が、企業の利益（収益）にどれだけつながったのかを示す。
　ROE＝当期純利益／株主資本×100

・道徳・総合のルーブリックによる自己評価（個人）

　中等部1年〜高等部2年までの生徒が、毎年度末に総合的な探究の時間の評価としてルーブリックを使って自己評価している。デザイン思考を基軸として本校の道徳・総合委員会担当教員が作成したものである。起業体験専用のルーブリックではないが、他の総合的な探究の時間の活動と合わせて1年間でどのようなスキルが身に付いたのかを自分で確認することができる。

5. 実践の成果とこれからの実践の方向

　起業体験プログラムは、本校で20年近く実践されてきた教育活動であり、さまざまな知見や経験が蓄積されてきたものである。本校の特色の一つとして認知度も上がってきており、この活動に魅力を感じて入学してくる生徒も少なくない。一方で、教員、生徒ともに総合的な探究の時間外の活動時間も多く負担が大きい。生徒の教育課程が変更となり他教科の学習活動が増えたり、教員の働き方改革が取り沙汰されたりする中で、他の学習活動とのバランスを調整するなどして、負担を減らしていく必要がある。

　同時に、企業（クラス）単位の経営力の評価だけでなく、個人のスキルにどのような変化を及ぼしたのかがわかるルーブリックを使った振り返り活動が導入され、長期的に測る調査を始めたところである。これらのデータをもとに、伝統となりつつある学習プログラムをさらにブラッシュアップしていきたい。

※各種資料については、ダウンロード資料を参照のこと

第4章 探究科目での探究授業

1

「深い学び」の視点に基づく漢文「死諸葛走生仲達（三国志）」の脚本作りを通した探究的な学習

田原 桜子
（東京都立富士高等学校）

1. この授業のねらいと概要

　高等学校学習指導要領では国語科の科目構成の見直しが行われ、「古典探究」という古典を主体的に読み深めることを通して、自分と自分を取り巻く社会にとっての古典の意義や価値について探究を深める科目が新設された。習得した知識を活用して「発表する」「議論する」「論述する」など、他者に向けて伝え、自分の考えを広げたり深めたりすることを通して、資質・能力を向上させることがめあてとなった。

　そこで、「古典探究」の領域である「読むこと」の言語活動として、漢文の脚本作りを取り入れた探究的な学習を行うことにした。

　古典という教科特性を生かした、オリジナルの探究的な学習の単元モデルを作成し、それに「主体的・対話的で深い学び」を反映させたうえで、高等学校学習指導要領に明記された文学国語の言語活動の一例である脚本作りを取り入れた漢文の授業をデザインする。さらに、これまで座学中心の授業を受けてきた生徒の実態に配慮して、探究的な学習における主体的な学びを支えるために「探究学習の手引き」を作成し、それを用いながら授業を行う。生徒が作成した脚本をルーブリックで評価した結果を用いて、実践の成果を考察する。

　授業実施校は、国公立・難関私立大学に多くの現役合格者実績がある都内公立中高一貫校である。教材である「死諸葛走生仲達」（出典：『十八史略』）は、三国時代に蜀の優れた軍師および宰相である諸葛亮孔明が、魏の名将である司馬懿

仲達と対峙をした逸話を描いた史伝であり、孔明が死んでもなお司馬懿に計略を図り、蜀を守った非凡な先見性を描く。

2. 学習指導要領との関わり

　学習指導要領において、「作品の成立した背景や他の作品などとの関係を踏まえながら古典などを読み、その内容の解釈を深め、作品の価値について考察すること。」（読むこと・エ）、「古典の作品や文章について、内容や解釈を自分の知見と結び付け、考えを広げたり深めたりすることができる。」（読むこと・オ）、「古典の作品や文章などに表れているものの見方、感じ方、考え方を踏まえ、人間、社会、自然などに対する自分の考えを広げたり深めたりすること。」（読むこと・カ）、「関心をもった事柄に関連する様々な古典の作品や文章などを基に、自分のものの見方、感じ方、考え方を深めること。」（読むこと・キ）が挙げられている。

　これらの指導内容をふまえ、本科目で脚本作りを言語活動として取り扱う際には、推測や思い付き、生徒個人の表現力に頼った創作活動をさせるのではなく、本文や資料の読み取りを行ったうえで、その知識を活用しながら協働させ、生徒一人ひとりの考えを広げさせたり深化させたりすることで「深い学び」（田中、2017）につなげる。そして、古典作品が実感を持ちにくく無味乾燥なものではなく、生きて働くものだと実感させることを、古典における探究的な学習において大切にした。

3. 教科の特質を活かして探究的な学習をどう設定したか

　まず「古典探究」で身につける資質・能力を分析した結果、「様々な資料を読み比べる力」、「内容の解釈を深める力」、「本文に書いていないことを補完する力」、「自分の考えを深める力」という資質・能力を身につけることを目指すものだとわかった。

　次に、総合的な学習の時間における探究学習の単元モデルである「R-PDCA

サイクルモデル」（田中、2016）と、「6プロセス9アクション」（桑田、2016）を比較してみると、探究的な学習とは、1課題設定→2仮説の設定→3課題解決の計画立案→4情報収集→5評価と今後の展望、という一連のプロセスを踏むものだとわかった。しかし、いずれも総合的な学習の時間における実施を想定しているため、10時間程度の長い時間を要する。

　よって、この一連のプロセスに基づきながらも、1単元6時間という時間設定かつ「古典探究」という教科としての特性や単元内容を踏まえて、1.基礎学習（①学習課題の提示　②知識の習得）→2.探究の計画（③計画立案）→3.実施（④調査研究　⑤作品制作　⑥実践交流）→4.評価（⑦自己評価　⑧相互評価　⑨探究的な学習の評価）→5.新たな学びへの展望（⑩学習の振り返り）という、5ステップ10アクションの単元モデルを作成した。

4. 実践の具体的な特徴

　この単元モデルに沿って活動を積み上げ、「『死諸葛走生仲達』を読み、『十八史略』の面白さや特徴を理解し、登場人物の複雑な人間関係や心理描写を反映させたオリジナル脚本を作ることを通して、自分なりの深い考えを持つことができるようになる。」という単元を貫く学習課題を設定した。

（1）指導と活動の流れ
〈第1時〉

　基礎学習（学習課題の提示、知識の習得）と探究の計画（計画立案）の時間とした。「探究の取り組みの意義を理解し今後の見通しを持とう。」と「適切な現代語訳を予習で行うために現代語訳の仕方を学び、本文に用いられている句法や用字の意味を理解しよう。」という本時の学習課題のもと、オリエンテーション、事前アンケート実施、予習の仕方や現代語訳の仕方の確認、予習で必要な知識の習得、振り返りを行った。「探究学習の手引き」に沿って、ミニワークショップ形式でオリエンテーションを行った。

〈第2・3時〉

　基礎学習（知識の習得）の時間とした。「用いられている用字や句法の意味、訓読の決まりを正しく理解し、文脈に即した的確な読みに役立てよう。」という本時の学習課題のもと、前時の振り返り、生徒同士による予習相互点検、三国志の予備知識の習得、本文の読み取り、振り返りを行った。世界史はまだ履修していないので、「三国志」の基礎知識がなく、この単元を理解するために必要な最低限の知識を踏まえさせたうえで読解に入るためにスライドを使って説明した。

〈第4時〉

　基礎学習（知識の習得）と探究の計画（調査研究）そして実施（個人での作品制作）の時間とした。「脚本作りを通して読みを深めるために、本文や関連資料の読み取りを進めよう。」と「本文や関連資料の読み取りを進め、考えを広げたり、深めたりしよう。」を学習課題として、基礎に戻る学び（**写真1**）、脚本作りの説明、資料の読み取り（**写真2**）、創作活動（**写真3**）、振り返りを行った。写真1のような基礎学習（知識の習得）は、第2・3時だけでなく、必要に応じて何度でも実施した。第4時以降も、毎時間書かせた振り返りカードや予習ノートや個人制作した脚本を回収・点検した際に、生徒がつまずいていることを確認し、その都度基礎・基本に戻る学びを徹底した。写真2・3のように、関連資料も掲載したオリジナルの朗読劇の脚本作りワークブックを作成し、取り組ませた。

〈第5時〉

　基礎学習（知識の習得）と実施（協働での作品制作）と評価（自己評価）の時間とした。「グループでの話し合いを通して、作品を多面的に捉えよう。」と「本文や関連資料の読み取りを進め、考えを広げたり、深めたりしよう。」という学習課題のもと、基礎に戻る学び、脚本作りの説明、資料の読み取り、創作活動（**写真4**）、振り返りを行った。脚本（**写真5**）の体裁はルーブリックで自己評価し、内容は内容チェックリストで自己点検させて提出させた。

〈第6時〉

　評価（作品交流、自己評価、相互評価、探究的な学習の評価）と新たな学びへの展望（学習の振り返り）の時間とした。「脚本発表会での発表と評価を通して、作品を多面的に捉えよう。」「本文や関連資料の読み取りを進め、考えを広げた

り、深めたりしよう。」という本時の学習課題のもと、入試模擬テスト、脚本発表会（写真6）、振り返り、まとめを行った。脚本発表会についても、「脚本発表会の手引き」を作成し、ルールや、脚本発表会の脚本、相互評価のルール、相互評価の脚本など掲載し、限られた時間を最大限有意義な生徒の活動に当てられるようにした。

（2）特色ある探究的な活動

探究的な学習へと導くために、オリジナルの単元モデルに「主体的・対話的で

写真1：学び直しによる基礎・基本の徹底

写真2：資料の読み取り

写真3：脚本の下書き

写真4：それぞれの脚本の解釈の交流

写真5：生徒が作成した劇の脚本

写真6：劇の脚本の発表活動

深い学び」の視点を反映させた。具体的には、単元モデルの提示、探究学習の手引きの活用、ルーブリックの導入、協働学習を取り入れたことに加え、生徒との個々のやりとりも実施した。「深い学び」へ導く手だてとして、史伝の解釈について本文や資料の読み取りに基づいて根拠をあげさせること、史伝を孔明や司馬懿という様々な視点からの思考を促すこと、個人・グループ・クラスといった異なる多様な考えを比較して考察させること、個人で作成した脚本を持ち寄りグループ活動により脚本の解釈を1つにまとめ上げるとともに、発表後は自分の解釈の振り返りをさせ、ルーブリックや振り返りコメントカードによって可視化された学習課題を生徒自身に意識させてメタ認知を促進させること等を行った。

　探究的な学習へと導くために、脚本作りについては、出典の性格を生かし、表面的な訳で終わるのではなくその簡潔さを補う関連資料によって補完された脚本を制作した。台詞の言い回しや情景描写を考えるうえで、推測や思いつきや個人が持っている表現力に頼った創作活動をするのではなく、資料の読み取りを行ったうえで、その知識を活用しながら脚本作りをするため、「読むこと」に重きを置いた実践となるよう工夫した。

(3) 教材の工夫

　授業では毎回「探究学習の手引き」を配付して、単元の終わりには生徒は2穴ファイルにこれまでのプリントを綴じていき、1人1冊オリジナルの「探究ブック」というポートフォリオが完成した。手引きは、当初予定していたもののほかに、生徒の様子を見て必要に応じて増やしたものを含め全20種類にわたる。手引きは生徒が何度でも見返して自分の活動に生かせるように詳細に記し、授業ではポイントのみスライドを使って簡潔に説明することで教員の説明時間が短縮され、限られた時間内において生徒の活動時間が確保できた。

　講義中心の授業形態に慣れており協働学習ができないことが予想されたため、話し合いの仕方や発表の仕方についても手引きを渡したところ、生徒の主体的な学びを支援する教材として有効であった。また、教科通信も全8号発行して、授業後に説明が足りなかったと気付いたため補足したいところや生徒からの質問への答えなど、基礎に戻る学びへと導くことができた。脚本は、ワークシートに

従って取り組むことで、台詞の言い回しや情景描写を考える際も、推測や個人の表現力に頼るのではなく、資料の読み取りを行ったうえで、その知識を活用しながら協働で創作することができるように、オリジナルの脚本ワークブックを制作した。時、場所、人物、柱などの設定は事前に指定してあり、ワークブックの問いに従って創作することで脚本が完成できる。第5時で自己点検させた、内容チェックリストは子どもたちに理解して考えを深めてほしい、いわば読解ポイントであるが、これら一つ一つのポイントを達成するために作問した問いに、それぞれ関連する文献や図などの資料を掲載し、資料から読み取ったことを本文と結びつけて考えを深められるような作りとなるように工夫した。

（4）学習評価の工夫

　個人で作成した脚本を読み取り、グループ活動を通して脚本の解釈を一つにまとめ上げさせて作成した脚本を評価物とした。脚本の体裁については図のようなルーブリックを用いた評価を行い、脚本の内容についてはシーンごとに課されている内容チェックリストで行った。いずれも自己評価させたうえで、教師による中間点検を経て、全グループの脚本の体裁が8点または9点、内容がAレベルに達し、当初期待したレベルに到達した。

5.　実践の成果とこれからの実践の方向

　事後の生徒アンケートでは、「漢文に温度を感じられる」、「漢文の本文だけじゃ決して読み取れない物語の色の部分を知ることができる」、「本文で読んだだけではわからなかったこと（何で女物の服を贈ったの？軍事のことを聞かなかったの？最後の笑いは？）を流さずにきちんと考えることができて良かった。」のように読みが深まったことや、「脚本作りの過程で一人では気づくことができないような疑問が生まれていって、更にそれを通して理解を深められたのが良かったです。」のように多様な視点を得て考えたことが挙げられていた。

　このことから、漢文の脚本作りを通して、生徒達が思い付きや勘で答えるのではなく、既有の知識・技能を活用して、資料やデータを引用しながら、理由や根

評価の観点	課題の条件を満たしている	様々な資料から読み取ったことを関連付けて補完する	適切に体裁を整える
3	4つ全ての課題の条件を満たしている。	本文からは読み取れなかったことを、様々な関連する文章から読み取って関連づけ、補って記述している。	文体の統一をするとともに、誤字脱字やねじれのない推敲された文章になっている。
2	課題の条件を3つ満たしている。	本文には書いていなかったことを、特定の文章のみからそのまま補って記述している。	いくつか文法上の間違いはあるが、ほぼ正確に書けている。
1	2つ以下の課題の条件を満たしている。	本文から読み取れることのみ記述している。	文法上の間違いが多い。

図：ルーブリック

拠を示して自分の考えを説明することで、読みを深めることができるようになることがわかった。また、読みを深めることで、生徒達にとって、古典が現在と関わりのない無味乾燥なものではなく、先人のものの見方や生き方から人間や人生について思いをはせ、自分を顧みるきっかけになる。現任校でも、この単元モデルを使用した授業において、脚本および記述は同様のレベルに到達し、同様の感想を得た。

　よって、多様な公立高校においても、目の前の生徒に即して、手引きやワークブックをマイナーチェンジする必要はあるが、単元モデル自体は汎用性があると感じている。今後とも、この探究的な単元モデルの効果検証を行いたい。

──参考文献──
・桑田てるみ『思考を深める探究学習』全国学校図書館協議会、2016年。
・佐藤和彦『高等学校国語科とカリキュラム・マネジメント』日本国語教育学会、2017年。
・山本侑子『劇化で読みを可視化し、根拠を交流する文学の授業』日本国語教育研究、2018年。
・松林陽子『国語教育の資する演劇的手法 ──「読み」を"我がこと"にする──』日本国語教育学会、2018年。
・田中博之『アクティブ・ラーニング実践の手引き』教育開発研究所、2016年。
・田中博之『「深い学び」実践の手引き』教育開発研究所、2017年。

2 「人口爆発」問題から 多面的・多角的な考察力や 課題解決力を養う探究的な学習
── 「現代社会」での試み ──

木野 正一郎
（東海大学付属相模高等学校）

1. この授業のねらいと概要
──複雑に絡み合う諸課題の本質に迫る探究的な学習──

　本授業は、新課程の「地理探究」を想定し、現行の「現代社会」の中で実践した探究的な学習である。前期に学んだ「発展途上国の人口爆発」[注]問題をガーナ共和国の農村貧困部に焦点化し、生徒が地誌的学習の側面から「主体的・対話的で深い学び」を探究する内容とした。また、本学習は持続可能な開発目標（以下、SDGs）にも関連するため、新課程がめざす「中学校社会科」や「公民科」、本校が推進している「ESD教育」とも連携した総合プログラム学習といえる。

　　　　　　　　　　　　　　（注）「人口問題」は、『地理探究』にも包括される。

　本実践は、人口爆発の解決策が「子どもを産まなければいい」と安易な発想には至らない背景に、当該地域の「貧困問題」が関連している事実を、生徒が探究的な活動を通じて気づくよう促すねらいがあった。貧困ゆえに児童労働が横行し、労働力確保を目的に劣悪な衛生下で危険な妊娠を余儀なくされている女性達が多く存在する事実や、乳幼児死亡率の高さが本案件に拍車をかけている事実も認識して欲しいと考えた。一方、食料問題の改善には灌漑の整備や農耕機具の購入を促して穀物自給力を高める必要があるが、現地では栽培が簡単な芋類や換金作物カカオ（モノカルチャー）の生産に依存している現状もあり、産業の高度化

がなかなか進展していかないという課題も総合的に捉えて欲しいと考えたのである。

　新学習指導要領のいう「系統地理的考察」をすると、乾季があるサバンナ地域は農耕に適した気候帯に位置している。資金の調達ができれば穀物自給率は高まり、飢餓も克服されて経済発展する可能性をひめている。生徒がこうした考えに至れば、国際社会の動向が「支援（ODA）から貿易（フェアトレード）へ」と変容している視点や、SDGsの本質的理解を伴う深い考察も可能になる。本実践は、「生涯にわたって探究を深める学び」を生徒に推進する新学習指導要領の教科目標も見定めた探究的な学習である。

2. 学習指導要領との関わり

　「地理探究」は、「地理的な見方・考え方を働かせ、課題を追究したり解決したりする活動を通して、広い視野に立ち、グローバル化する国際社会に主体的に生きる（略）公民としての資質・能力を（略）育成すること」を目標としている。学力の3要素との関わりでみると、**「知識・技能」**の面では、情報収集・読解・整理の諸技能を駆使して系統的・地誌的に考察し、国土像の在り方を構想する力を育もうとしている。**「思考力、判断力、表現力等」**の面では、地理的事象を「位置や分布、場所、人間と自然環境との相互依存関係、空間的相互依存作用、地域などに着目して（略）概念などを活用して多面的・多角的に考察」する力や、地理的課題解決に向けた構想力や考察力、それらを説明する力や議論する力を養おうとしている。

　「学びに向かう力、人間性」の面では、よりよい社会実現に向けて「課題を主体的に探究しようとする態度を養う」ことや「多面的・多角的な考察や深い理解を通して（略）諸地域の多様な生活文化を尊重しようとする」自覚を深めることをめざしている。こうした活動を通じて、生徒が「『生涯にわたって探究を深める』その端緒となるよう」な態度を醸成し、「地理的な諸課題を探究」できる人材育成をめざすのである（高等学校学習指導要領解説【地理歴史編】、p.76〜84）。

3. 教科の特性を活かして探究的な学習をどう組み込んだか

　新学習指導要領は「地理探究」の学び方として、「主体的・対話的で深い学び」を通して、既習の学びを鍛えるための内容と方法の工夫を求めている。そこで、筆者は図1に示したような探究的な学習の授業設計をした。コロナ禍において対話の制限があり、ICT教具の中で「対話」できるような学習形態も試みた。

活動（ねらい）	本実践における主な取り組み・内容		時間	
1.課題との出会い	「人口爆発」の解決策が「子どもを産まなければいい」と安易な発想にはならない5つの深層的課題を、「貧困問題」と関連づけて認識。			導入 15分
2.課題を分析・考察する概念整理	主は5つの深層的課題を探究的な学習によって分析・考察するため、その際に必要な情報は予め教師が提供。	1時間目		
3.探究とは何かについての理解	課題認識→課題追及→成果発表という一連の探究的な学習を通じて、根本的な原因として「貧困問題」が浮き彫りになっていくであろうことを意識化。			
4.探究課題の設定と班づくり	焦点化すべき「貧困問題」の5つの深層的課題を探究的な学習の課題に設定。調べ学習班（はじめは個人ワーク（資料探索））は教室の席次をベースに班分け。			探究 35分
5.資料の探索、課題の追究	資料探索はSafariを用いる。ロイロノート（アプリ）に筆者から配信されたSWOT分析シートと2画面操作をして、課題を深く探究。			
6.班ごとの課題解決と表現	諸課題をSWOT（強み・弱み・機会・脅威）に分析し、自分が考える解決策を添えてワークシートに表現。			
7.班員間での解決策の共有と修正	情報共有をオンにすると仲間の作品が閲覧できるロイロノートの機能を用い、仲間と相互に情報を共有・補完。			宿題
	班内個人発表や代表による全体発表を通じて、情報を共有。この時の班は、テーマが各班に混ざるように「ワールド・カフェ方式」（班発表：6人×1分半／全体発表：10人×各1分半）	2時間目		発表 30分
8.新たな課題発見のためのワーク、教科内の道徳教育	「人口爆発」の裏に「貧困問題」が潜む事実を深く認識した上で、各方面から集めた情報を基に対応策を検討（「ミニ国連」ワーク）。 ※3時間目の冒頭、生徒は動画で「誤認識」を修正。（児童労働ドキュメンタリー：10分）→前回の議論を再開。	3時間目		探究 20分
				35分 動画、情報共有を含む
9.問題解決方法の明確化と新提案	「支援から貿易へ」という新しい動向が国際社会に登場した過程を、探究的な学習を通じて総合的に追体験。ODAやフェアトレードの概念をより専門的に深耕。			総括 15分
10.探究的な資質・能力の自己評価	身につけたい資質・能力を、活動中は常に意識化するよう指導。まとめ課題の「はがき新聞」制作も含め、全ての活動をルーブリック自己評価。			夏休み宿題

図1:「探究的な学習の活動系列モデル」および「本実践の主な取り組み・内容」

4. 実践の具体的な特徴

（1）指導と活動の流れ・探究の特色ある活動

　3時間1セットの小単元に組み入れた、一連の探究的な学習を経験する中で、生徒が「人口爆発」問題を「貧困問題」と関連させてよりよく解決することができるように、多面的・多角的な考察力や課題解決力を養う活動内容に授業設計した。

①「貧困問題」の深層的課題（5つ）をSWOT分析で紐解く探究的な学習

　1時間目は、ガーナ農村部の「人口爆発」問題を人口ピラミッド（年代を追ってグラフが動くアニメーション）で解説した。その解決策が「子どもを産まなければいい！」とはならない、「貧困問題」にまつわる5つの深層的課題（「児童労働」「女性のハイリスクな出産」「モノカルチャー依存」「穀物生産が進まない」「就学率・識字率が上がらない」）を生徒は予め教師から提示され、各班（学級43人を5班化）が分担された課題を追究した。使用した教材は諸課題毎の「SWOT分析」(注)シート（写真1）で、生徒はシートとSafariの2画面をiPadに表示しながら探究的な個人ワーク（資料探索）を行った（写真2）。生徒の意見（要約）は図2に示す。

(注) SWOT分析とは、対象を「S：強み」「W：弱み」「O：機会」「T：脅威」の
　　　4観点で分析する手法である。

写真1：生徒のSWOT分析と解決策の例

写真2：2画面操作で探究的な個人ワーク

② 同一課題を共に探究している班員と情報共有し合い、視点を補うピア・レビュー

　課題①の残りは宿題になったが、もう一つ、次のような宿題も生徒たちに課し

た。筆者がロイロノートの「情報共有」をオンにしたので、仲間のシートが相互に閲覧できるようになり、生徒は班員の作品から自らの分析に不足している情報を補完し合っていった。この情報共有活動により、仲間同士の協働作業を通じて作品の完成度を高め、更に深い認識を形成していった。また、次に行う「ワールド・カフェ方式」[注]の班内個人発表を意識し、各人は「テーマを代表する者としての責任」を自覚しながら仲間に解説ができるようにぬかりない準備をした。

(注) 別の課題を調べた他班の仲間と新たな班を再編成して、情報をミックスする方法。

	児童労働	女性・妊婦	モノカルチャー依存	穀物自給不振	就学・識字率
S (強み)	低コスト化／薄利多売に貢献／大人の都合を優先	労働力確保や多産多死対策に貢献	効率性・換金性／大規模化／児童労働の需給問題	栽培が容易な芋類（キャッサバ）生産に依存	モノカルチャーやチョコ市場に貢献／児童労働の供給
W (弱み)	就学が不能（困難）／児童の人権侵害	妊娠リスク／不衛生下における出産	気候の影響・環境の影響・経済情勢の影響が大	経済不安定／飢餓対応の不備／栄養失調	就職問題／文化力や教育力向上の阻害
O (機会)	支援（ODA）／貿易（フェアトレード）／社会保障の整備	医療・衛生・保険制度の整備／安心な水・水道・トイレの整備	加工技術の導入／工業化への転身／補助金の考案	資金調達／灌漑施設の整備／農耕機具の購入	社会保障の整備／義務教育の制度化／法整備・規制の強化
T (脅威)	技術力向上の阻害／文化力向上の阻害／差別の放置	女性の社会進出の阻害／女性の人権侵害／差別の放置	国際競争の激化／農業多様化の阻害／自給率の停滞	飢餓や飢饉／多産多死を解決できず	教育や労働の質的向上を阻害／人権問題

図2：生徒が出した「貧困問題」の5つの深層的課題のSWOT分析の例（筆者要約）

③ 情報を補完し合って完成させた探究成果を、仲間と発表し合う活動

　2時間目は、「ワールド・カフェ方式」の発表スタイルにより、一人1回、班内個人発表をした（**写真3**）。その後、クラス代表（各テーマ2名）が全体に向けて探究成果を発表し（**写真4**）、本ワークを網羅的に総括した。生徒は「貧困問題」

に潜む5つの深層的課題に関する解説をそれぞれ各3回ずつ聞くことができ、それらの要因が複雑に絡み合って「人口爆発」を引き起こしている現状を多面的・多角的に深く認識することができた。また、準備の際に意識した「発表者としての責任」も確実に自覚化されており、真剣に課題と向き合う姿勢や態度も醸成された。この成果は、生徒の自己評価アンケート結果からも判別できる（図3）。

写真3：「ワールド・カフェ方式」班内個人発表　　写真4：クラス代表の発表

④ 地球市民の立場から仲間と協働して解決策を討議する「ミニ国連」ワーク活動

　生徒は探究的な学習を通し、「人口爆発」が「貧困問題」に起因していて、それに付随する諸課題を包括的に改善しないと一筋縄では解決できないことを認識した。つまり、国際社会がSDGsの概念に至る工程を、自ら追体験的に学んだのである。そこで、2時間目の後半は、「国際社会がなすべきこと」について各自が国連大使の立場に立って班討議する「ミニ国連」ワークを組み、メタモジを用いて仲間と対話的に解決策を検討する活動をした（写真5、図4）。

写真5：メタモジで「ミニ国連」ワーク

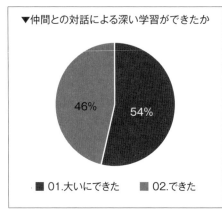

▼仲間との対話による深い学習ができたか

46%　54%

■ 01.大いにできた　■ 02.できた

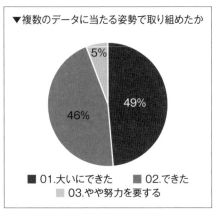

▼複数のデータに当たる姿勢で取り組めたか

5%
46%　49%

■ 01.大いにできた　■ 02.できた
■ 03.やや努力を要する

図3：Googleフォームによる自己評価の結果（注：右図の努力票（5%）は向上心に由来）

（2）教材の工夫

　本実践は、本校のクラウド・システムを活用したオンライン指導によって作業の効率化を図り、活動時間を確保した。生徒の思考・判断・表現活動が思いつきではなく的確性を増すように、「複雑に絡む課題を総合的に捉え、実現可能で実効性の高い政策を求む（夢物語はNG）！」等のメッセージを配信したのである。

　また、学習中に、生徒の一部がガーナの児童労働や就学率の低さを「親の見識の問題」と捉えたため、次のような指導もした。この際、「人の営みに寄り添う地理教育」や教科内の「道徳教育」と絡めるべく総括用教材に別枠で準備していた児童労働ドキュメンタリーを「ミニ国連」ワークの前に視聴して、当該の生徒は誤認識を修正した。児童搾取の様子を動画で視聴した生徒たちは本案件の深刻さを心情的に感じ取り、その感性も磨いた。

　余談だが、本学習の教材として授業直前に食したチョコレートの味を、生徒は「一味違った感覚だった」と述べている。

写真6：ルーブリック評価基準の説明

（3）学習評価のあり方

　今回の探究的な学習は、「身

につけて欲しい資質・能力・技術」や「成果のルーブリック評価基準」（写真6）を予め生徒に明示し、その中で「複数の根拠となる資料を用いて作品の完成度を上げること」や「課題に取り組む姿勢の質的向上を図ること」等のポイントを促した。その成果があってか、生徒の自己評価アンケートも肯定的な意見が多かった（図3）。

自立してお金を生むしくみづくり／フェアトレード(公平な貿易)の推進／つくる責任・つかう責任／講演会・学びの場・人々の関心を喚起／人材派遣（ユニセフ、青年海外協力隊）／流れの見える募金を整備／法や政治・経済のしくみづくり／義務教育の制度化／人材育成／医療・衛生・福祉の整備／社会保障の整備／きれいな水・濾過装置の提供／トイレの提供／食料や穀物の自給率を上げるインフラ整備

図4：生徒考案の解決策の例（iPadのメタモジ（アプリ）を活用、筆者要約）

5. これからの実践の方向
—学びの主客合一化を図る探究的な学習づくり—

　最後に、日本のガーナ支援の具体事例（8つ）を紹介した。生徒は自班の考えた支援が出る度に資料に「いいね！👍」を記し、学びを自分事に引き寄せ、「主客合一」を図った。一連の教材は、「生徒の発達状況に鑑み、もう一段深い学びを！」という田中先生の激励により実践に至ったのだが、生徒は期待に応え、「複数の課題が絡む問題の難しさ」や「実現可能かまでを考えた論議の重要性」、「仲間との協働学習による視野の広がり」等を実感しながら探究を深めた（生徒のコメントより）。このように、生徒の探究的な学習を推進していくことが新課程の使命ならば、教師は生徒の深い学びの可能性を信じ、信念をもって教材開発に向き合う姿勢を持ちたいものである。現任校の建学の精神は「思想を培い、体軀を養い、智能を磨き、希望を星につなげ」である。本共同研究を通じ、生徒と共に志高く、授業開発に励む決意が生まれた。このご縁に感謝申し上げる。

――参考文献――
・田中博之『アクティブ・ラーニングの学習評価』学陽書房、2017年。

3

探究ブックと
はがき新聞を用いた
問い作りから始める探究的な学習

福岡 隆宏
（神奈川県立横浜平沼高等学校）

1. この授業のねらいと概要

　高等学校学習指導要領では、「日本史探究」という選択科目が新設される。膨大な歴史的事項（コンテンツ）の学びと、探究的な学習プロセスをいかに両立させるかは今回の改訂で避けては通れない課題である。その中で今回は、以下のねらいを設定して実践を行った。

> ①「歴史的な見方・考え方を多面的・多角的に働かせ、深くて魅力的な学習課題となる問いを生徒自ら設定し、学習を進めること。」
> ②「探究の成果を整理して表現し、他者へ伝えることができること。」
> ③「相互評価を通し、他者との関わりの中で、自らの探究的な学習や成果物の表現をより良くすること。」

　これらのねらいに沿った形でスムーズに学びに向かえるよう、**探究ブック（学びの手引き）**を活用し、自ら立てた「問い」を主題として作成した**はがき新聞というパフォーマンス課題とルーブリック評価を用いた相互評価**を通して、「主体的・対話的で深い学び」を実現することを考えた。

2. 学習指導要領との関わり

　新学習指導要領の日本史探究の目標には、「(2) 我が国の歴史の展開に関わ

る事象の意味や意義、伝統と文化の特色などを、時期や年代、推移、比較、相互の関連や現在とのつながりなどに着目して、概念などを活用して多面的・多角的に考察」すると述べられている。これらの目標を踏まえ、学習のテーマとなる「深くて魅力的な問い」を立てる学習活動を行った。

　また、「考察、構想したことを効果的に説明し、それらを基に議論する力を養う。」という目標も書かれている。今回、はがき新聞という表現ツールを採用し、限られたスペースで効果的に考察した内容や情報を伝える表現力の育成を目指した。そのはがき新聞を元に、「相手に伝えるためのよりよい表現とは何か。深くて魅力的な問いを作るためにはどうしたらよいか。」などを考察・議論し、生徒の資質・能力の伸長に繋げていくことを目指した。

3. 教科の特質を活かして探究的な学習をどう設定したか

　それでは次に、探究学習の理論を踏まえて、本実践のポイントを考えてみる。田中博之 (2016) は、「生徒たちが主体的・協働的・創造的に学ぶようになるには、子どもにとって学習内容が魅力的であるとともに、学習内容を通して多様な力がついていると実感できることが不可欠である」と述べている。高等学校で生徒たちが日本史で学ぶ内容は、基本的に妥当性の高い史実を簡潔に記述された教科書がベースとなっている。

　しかし、ただ教科書を眺めていても、生徒が魅力的に感じる学習課題を生徒たちだけで見出すことは難しい。桑田てるみ (2016) は探究学習の過程を「決める」「問う」「集める」「考える」「創る」「振り返る」の6つのプロセスに分けているが、学習において、生徒が魅力的に感じる学習課題を設定できるかどうかは、「問う」プロセスの質が重要であると考えた。

4. 実践の具体的な特徴

（1）指導と活動の流れ

　今回は、田中博之の探究学習へ至るまでのステップとして活用学習の活動系

列モデル（田中博之、2016、p.84）を活用して図1のように学習活動を構成した。

特徴は、「講義への導入としての問い作り」と「探究学習のテーマとなる問い作り」と2段階行い、問いつくりの質を高めることも狙っている。（各ワークシート等はダウンロード資料の探究ブックを参照のこと。）

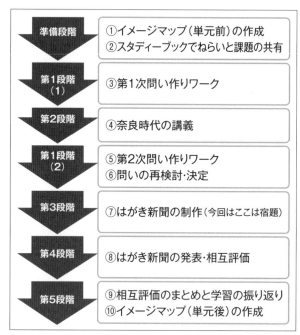

準備段階	①イメージマップ（単元前）の作成 ②スタディーブックでねらいと課題の共有
第1段階(1)	③第1次問い作りワーク
第2段階	④奈良時代の講義
第1段階(2)	⑤第2次問い作りワーク ⑥問いの再検討・決定
第3段階	⑦はがき新聞の制作（今回はここは宿題）
第4段階	⑧はがき新聞の発表・相互評価
第5段階	⑨相互評価のまとめと学習の振り返り ⑩イメージマップ（単元後）の作成

図1: 今回の実践の流れ（福岡作成）

〈準備段階〉① イメージマップ（単元前）の作成（探究ブック、p.5）

新しい単元の始めと終わりにはイメージマップの作成を行う。写真1のように中心にこの単元で学ぶ言葉が書いてあり、そこから関連する知識を繋げて書く。単元が始まる前の知識体系を視覚化することが目的である。

写真1：イメージマップに取り組む生徒

〈準備段階〉② ねらいと課題の共有（探究ブック、pp.3〜4）

探究ブックとは、生徒たちが本単元での学習を行うための手引き書である。生徒たちとねらいや単元の進行計画、提出物の期限などを共有し、生徒に学習の見通しを持たせ、学習のねらいを生徒にも意識させることに繋がる。

〈第1段階 (1)〉③ 第1次問い作りワーク (探究ブック、p.6)

　生徒たちには新しい単元の教科書の本文を読み、疑問に感じたところ、面白いと感じたところを書き出させた。その後、それを問いという形にして、横の生徒と共有した。これは第1段階の問い作りワークであり、問いの質などは問わずに自由に作っている。このワークはあくまで第2段階の動機付けや予習的な意味合いが強い。

〈第2段階〉④ 奈良時代の講義

　その後、単元の内容の講義を行う。授業の中で、③第1次問い作りワークで作った問いの答えを意識しながら聞くように教師から伝えている。

〈第1段階 (2)〉⑤ 第2次問い作りワーク (探究ブック、pp.7~9)

　2回目の問い作りのワークを行う。学習課題となる「問い」は、生徒たちの「なぜ?」という疑問から出発することが重要であるが、生徒の感覚のみで「深くて魅力的な問い」を決めさせると、浅い問いとなり浅い学びとなってしまう危険性がある。

　探究ブックには、問い作りのヒントシートのページを作っている。ここには「深くて魅力的な問い」の参考になる問いのフォーマットが書かれており、すぐに答えが出てしまうような「浅い問い」と、ここで求める「深くて魅力的な問い」の差についても生徒に提示をしている。生徒たちはこれらのヒントと第2段階の講義で得た知識や歴史的な見方・考え方を活用して、「深くて魅力的な問い」作りを再度行った。

〈第1段階 (2)〉⑥ 問いの再検討・決定 (探究ブック、pp.7~9)

　次に「⑤ 第2次問い作りワーク」で作った問いを、グループで発表し合った。生徒たちは、他の生徒が作った問いや前述したヒントシートを参考にしながら、「深くて魅力的な問い」とはどのようなものか議論・検討していく。「③ 第1次問い作りワーク」で自ら作った問いの質と、議論している問いの質の変化にも触れ、授業を通し、知識だけでなく、「深くて魅力的な問い」を作る歴史的な視点を手に入れたことを意識させた。

その後、Google Classroomの課題を活用して、各グループの議論で「深くて魅力的な問い」とされたものをクラス全体で共有した。これを通して、生徒が、「深くて魅力的な問い」のモデルを確認することができ、一定の問いの質の担保となった。また、今回は授業時数の関係で行えなかったが、なぜその問いが深くて魅力的なのかについて説明を求めると、より生徒の中で問いの質に関する意識が高まるだろう。

〈第3段階〉⑦ はがき新聞の制作（探究ブック、pp.10〜11）

　探究ブックにははがき新聞の構成を練るページや、記事内容を整理するページも設けた。しかし、本実践では授業の進行の関係上、それらを活用する時間を取ることができなかった。実際は家での宿題となった。

〈第4段階〉⑧ はがき新聞の発表・相互評価（探究ブック、pp.12〜13）

　次は、生徒が作成してきたはがき新聞の発表と相互評価を行う。パフォーマンス課題の学習評価においてルーブリックを活用する。今回作成したルーブリックの内容は、本実践のワークを通して、生徒の身に付けさせたい資質・能力を言語化したものである。生徒は、作成したはがき新聞をルーブリックの指標に照らし合わせて成果物を作成し、その評価を考えることで、「何となくよい」という感覚的な評価にとどまらず、資質・能力ベースで成果物を振り返ることができ、より深い学びを実現させることができる。学習全体の流れとしては　①自己評価→②相互評価→③感想タイムである。

　写真2は自己評価の様子である。これが終わったら写真3のようにグループ内ではがき新聞を交換し、相互評価する。ここでは、ルーブリックで評価するだけでなく、付箋を用いて、生徒の感じた感想を「Good」「もっと良くなる」の2種類に分け、書かせた。

　これにより生徒の評価はよ

写真2：自己評価

り具体的になり、かつ相手に評価の意図が適切に伝わるようになった。最後に、記入したルーブリックと付箋を発表者に渡し、作品について感想を言い合う時間を設けた。

写真3：相互評価＆付箋の記入

写真4の場面であるが、評価規準が明確になっているため、感想を言い合う中でも、ルーブリックの項目を踏まえた議論が交わされていた。この学習評価の質の向上こそが、生徒の深い学びに重要であり、ルーブリック評価を用いる利点である。

写真4：感想タイム

〈第5段階〉⑨ 相互評価のまとめと学習の振り返り（探究ブック、p.15）

相互評価が終わったらルーブリック評価と付箋の記述内容を個人で検討させ、客観的な他者評価を踏まえた自己評価を再度行った。内容も探究ブックに記録させて、見返せるようにした。

〈第5段階〉⑩ イメージマップ（単元後）の作成

単元が終わったら、再度イメージマップの作成を行い、自らの知識のつながりと学びを視覚化し、単元前のイメージマップと比較して、今回の学習全体の振り返りを行った。詳しいメリットは以下（2）で記述する。

（2）特色ある探究的な活動と教材の工夫

単元の始めと終わりに日本史イメージマップの作成を行った。黒上晴夫ら（2012）によると、単元の始めと終わりに描くことで学習の成果を捉えることが

≪　二つを見比べてみて、今回の一連の授業を通して、自分がどのように変化したか記入する　≫

単元開始時に奈良時代に関連するものがあまり思い浮かばなかったのに加えて単語のみしか出せなかった。それに比べて単元終了時につながりがより感じられるイメージマップになった。また、新聞を作る際に調べたことの知識・理解量が他のと比べて格段にあがっている実感ができ、わからないことは自分で調べることの大切さを改めて感じました。

写真5：2回目に行ったイメージマップ作成とその感想

できるとしている。前後のイメージマップを自分で比べて、どこでどんなことを学んだのか。なぜそのようなつながりに変わったのかを振り返ってまとめさせると、生徒が学習の成果について深く考えることにつながる。実際に、**写真5**の生徒のように自らの学習を客観的に振り返っている様子が多くの生徒で見てとれた。

　問いの再検討の学習では、Google Classroomを活用して、グループの意見を全体で共有した。事前にGoogle Classroomにフォームの課題を送信しておき、**写真6**のように授業中の話し合いの成果を生徒のスマートフォンから送信させた。その送信内容は、教師側のChrome Bookに集約され、**写真7**のようにその場で共有しながら授業を進めることができる。教室全体で多様な意見を引き出すことができ、コロナ禍で対話的な学びに制限が加えられている場合でも、声を発さずに意見を出し合える方法である。

写真6：スマホでグループの意見送信

写真7：フォームの全体共有

5. 実践の成果とこれからの実践の方向

　今回の実践では、日本史探究のねらいに沿った学習を行うことができた生徒が複数見られた。特に学習指導要領の「概念などを活用して」という記述が求める探究的な活動については、はがき新聞を作成する際の留意点として意識化させたため、「新しいお金・貨幣」の概念について表現することができていた。（ダウンロード資料参照）一方、作業的になってしまったり、「深くて魅力的な問い」が作れなかったり、うまくはがき新聞を書けなかったりした生徒も多かった。問いの立て方やパフォーマンス課題への持って行き方、相互評価の質は、教員の準備によって生徒の成果が大きく変わるので、ルーブリックの項目・内容も含めて、より良い実践を作っていくことが今後の課題である。

※ルーブリックの詳細・探究ブックの内容・はがき新聞の作品例は、
ダウンロード資料を参照

―― 参考文献 ――

・桑田てるみ『思考を深める探究学習 ――アクティブ・ラーニングの視点で活用する学校図書館』全国学校図書館協議会、2016年。

・田中博之『アクティブ・ラーニング実践の手引き』教育開発研究所、2016年。

・黒上晴夫・小島亜華里・泰山裕『シンキング・ツール ――考えることを教えたい――』NPO法人学習創造フォーラム、2012年。

4

歴史新聞の作成を通した
日本史探究の表現活動

渡辺 研悟
（神奈川県立光陵高等学校）

1. この授業のねらいと概要

　本実践は、神奈川県立大和南高等学校で、1学期に飛鳥時代の授業のまとめとして行ったものである。

　生徒はそれまでの学習内容を踏まえて、学んだことを「歴史新聞」という形でまとめた。授業のねらいは、習得した歴史的事象に関する知識や概念を、自分たちなりに記事にまとめて表現することである。記事にまとめる際に、生徒が事象同士の時期や推移などに着目し、因果関係を叙述できるよう工夫した。

　また、新聞の作成に当たっては、自らの学びを再構築できる場面や振り返りの機会を設けるため、ルーブリックを用いた生徒同士の相互評価を組み入れ、内容を練り上げて修正する活動を組み入れた。

2. 学習指導要領との関わり

　本実践では、学習して得た知識や概念を活用して表現し、深い理解に至ることを目的としている。というのも、「日本史探究」では、古代から近代のすべての時代の学習において、「資料から歴史に関わる事象を解釈したり、説明したり、論述したりする学習を取り入れて、繰り返しそれを行うことで、習得した知識や概念のより深い理解を図ること、思考力、判断力、表現力等の一層の育成を図ること」（高等学校学習指導要領解説【地理歴史編】、p.196）が求められるからだ。

　また、「日本史探究」では各時代の小項目について、考察し表現する学習を進

めるに当たり、「ⅰ　推移や展開を考察するための課題」「ⅱ　意味や意義、関係性を考察するための課題」「ⅲ　諸事象の解釈や画期を考察し表現するための課題」を設定することが必要とされる（p.202）。

　そこで、本実践は、説明したり論述したりする活動として、歴史新聞の作成を通してⅰとⅱの課題に取り組んだ。

3.　教科の特質を活かして探究的な学習をどう設定したか

　「日本史探究」の目標は、「歴史の展開に関わる事象の意味や意義、伝統と文化の特色などを、時期や年代、推移、比較、相互の関係や現在とのつながりなどに着目して、概念などを活用して多面的・多角的に考察、構想したことを効果的に説明」（同上、p.194）することである。歴史新聞の作成を通して、そのような事象間の因果関係や関係性に着目し、知識の整理を行うことができると考えた。

　このような活動は、社会的事象の歴史的な見方・考え方を働かせる活動とも言える。生徒は本実践で因果関係や関係性をもとに整理し、概念化された知識を活用して、古代において外国の文化や動向が日本に与えた影響は何か、といった空間的な広がりを持った課題に取り組むこととなる。

　さらに、「複数の立場や意見を踏まえて構想する」（p.193）ことが求められていることから、歴史新聞の記事作成の際には、相互評価の活動をもとにした記事の練り上げを行うなど工夫を凝らした。

4.　実践の具体的な特徴

（1）指導と活動の流れ

　本実践は全3時間で単元を構成し、グループ活動を基本とした学習である。飛鳥時代までの政治、文化、外交などの基礎的・基本的な知識は教科書をベースとして既習している。

① 知識を確認する

　先ず、習得した知識の確認のため、ウェビングを作成した。用紙の中心に「飛

鳥時代」と記入し、そこからブランチを伸ばしていく。ウェビングは関連性のある言葉をつなげていく作業であるため、一つひとつの用語のつながりを再認識できる。また、正解があるわけではなく、思いついたことを書いてよいなど、心理的なハードルが低く感覚的に取り組めるので、どのような生徒でも作ることができるのが利点である。

②ポストイットを使用し因果関係や関連性を可視化する

次に、ポストイットを用いて飛鳥時代の「政治・外交」「人物」「外交」毎に3枚の概念図を作成させた（**資料1**）。ポストイットは大きなものが「因果関係など」を、小さなものが「要素や原因・関連など」を記入するものである。また、矢印を利用することで、因果や対立といった概念を視覚的に表現できるようにしている。

③概念図にまとめた知識を文章にする

②で作成した概念図を、文章にする。ここで書いた文章が新聞記事となる。

生徒にとってはこの作業が難しいため、例えば、因果関係については「なぜなら」「その理由として」「そのため」といった言葉で知識を結びつけるようなサポートを行った（**写真1**）。

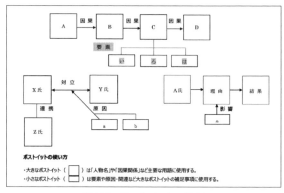

資料1：ポストイットの使用

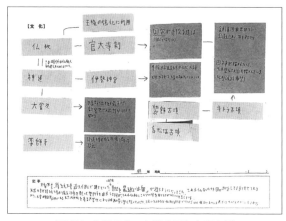

写真1：生徒の作った概念図と文章の例

④ お互いの新聞記事を相互評価する

　「政治・外交」「人物」「外交」についての記事ができたら、グループ同士で文章を見せ合い、相互評価を行う。この際、ルーブリックを用いて、互いの記事について改善点を指摘し、それを書いて渡した。指摘を受けて、新聞記事は「練り上げ」られ、修正されることでより質の高い文章ができあがる。

　このように、他者のフィードバックを含めて表現活動を行うことが、多面的・多角的な考察につながる。

⑤ 歴史新聞を作成する

　新聞を作成するにあたっては、記事のレイアウトを示し、生徒が取り組みやすいようにした。また、事象だけではなく、人物同士の関連性にも着目させるため、人物の相関図の作成にも取り組ませた（写真２）。

⑥ 自身の学習への取り組みを自己評価する

　生徒には毎回の活動の終わりに、「自己評価記録表」を記入させた。これは、「班の活動に貢献できたか」を４段階（できた・まあできた・あまりできなかった・できなかった）で選択し、その理由を簡単に書かせるものである。このように、自分の学習を振り返る活動も探究的な学習の特徴である。

⑦ 学びを振り返る

　一連の学習活動が終わったら、生徒は学習全体についての振り返りを行い、自分にとってどのような学びがあったかを書いた。

(2) 探究の特色ある活動

　探究的な学習を保障するための工夫の一つ目は、論述のためのプロセスを丁寧に示すことである。ウェビングによる知識の確認、概念図の作成（ポストイットを利用した因果関係や関連性の可視化）、概念図を利用した作文の作成、他者による相互評価を踏まえた文章の修正、がそれである。歴史に関する作文というと、多くは既存の文章の切り貼りになりがちであるが、このようなプロセスを経ることで、自分たちなりに考察した内容を、文章にまとめることで表現力を養う

白鳳新聞

天智天皇死す

非真名前

「壬申の乱」人物相関図

反乱(大海人皇子)軍

高市皇子 (?~696)
若いけど仕事で活躍!!!

村国男依 (?~696)

天武天皇(大海人皇子) (626~671)
息子なのに頼れない!!!

美濃の豪族!! 兵3万で応援に→

藤原王 →天武系 三角関係 夕が?関心

千申皇女時天...

大海人皇子 (?~686)
朝廷に不満を持っていた王たちを味方につける人。

(?~676) 和解を願う?

黒幕?!

鵜野讚良皇女(持統天皇) (645~702)
夫を支えるべく吉野まで同行。大皇子を討つことで説得したのではないか説もある。

VS

大友皇子 (弘文天皇) (648~672)

蘇我赤兄・中臣金・蘇我果安
臣勢人・紀大人

大友皇子軍

大海人皇子フィーバータイム!!!

672年、天智天皇の死が始まりだ。大海人皇子vs友皇子の確執。その後、大海人皇子はのちの天武天皇である。まず彼は律令制を本格的に整えることにつとめた。律令とは刑罰のことと行政のこと。令は行政、律は刑罰を強力に作り上げてきた。また、天皇をとにかく地位を高めた。

この時代の人々は国のことを第一に考え、民衆のことを考え新しいことを進める彼に素直についていく人は外だっただろうか。

律令国家になるまでに

この時代の背景には当時のアジアの情勢がある。中国では無理な高句麗遠征などが原因で隋が滅び唐が成立した。朝鮮半島でも、高句麗、新羅、百済の3国が、それぞれの方で権力の輪を図っていたようなそのような中、日本は強力な中央集権国家建設の必要にせまられていた。

共に歩む神道

皇の祖先神である天照大神様を奉る大嘗祭により神を信じる信徒もふえた。これからの時代「仏教」「神道」信じるものは違えど、どちらの教えも我々にあたえる恩恵は大きなものだろう。

神秘の微笑みと優美な肢体
弥勒菩薩と文化。

天智天皇、持統天皇達は個人で建てていたはずの寺院を最近では「国」単位で造るようになってきた。これは仏教の力を国が推奨している事と見てとれる。因ににも仏の力を貸し、助けてもらいたいとこの時代の人々は願っていたのだ弥勒菩薩は持ちのような人々の願いを叶えることをたくさんされているのかもしれない。

↑[左] 韓国の弥勒菩薩像(左)と広隆寺の弥勒菩薩像、右]
左: 高さ93.5cm 韓国国立中央博物館蔵、右: 高さ123.3cm 京都府蔵)

写真2：歴史新聞の例

ことができる。

　２つ目は、探究的な学習の目標を踏まえた新聞作成となっている点である。後述するように、ルーブリックには「世界の中の日本」の視点を踏まえて記事を書く評価規準が設けられている。これは、「日本史探究」の目標である「推移、比較、相互の関係や現在とのつながりなどに着目」することを意識したものである。

　一般的に、高校生が作文を書くこと自体は難しいことではない。しかし、歴史的な事象をどのような観点に沿ってまとめさせるかは、授業者がしっかりと示す必要がある。その観点こそ探究的な学習で求められている目標である。

　なお、歴史新聞に先立つ古代の学習の際に、生徒には日本と東アジアとの関係に関する小論文を課しており、その際にルーブリックや表現の型を利用した文章を書くことで、日本史における比較や相互の関係の視点を踏まえる学びを経験している。

　３つ目に、探究的な学習を促進するため、相互評価による「練り上げ」とも言える修正作業を組み入れた点が挙げられる。自分たちで作成した文章をそのまま表現するのではなく、他者の視点を踏まえて、改善していくという活動は主体的な学びの形成につながるものである（**写真３**）。

写真３：相互評価の様子

（3）学習評価の在り方

　資料２が、生徒に示したルーブリックである。ルーブリックを示すことで、生徒は見通しをもって学習活動に取り組むことができる。見通しをもつことは、生徒の意欲を引き出すことにつながる。

　また、評価規準に探究的な学習の観点を組み入れることで、「日本史探究」の目標に沿った、社会事象の歴史的な見方・考え方を踏まえた学習を進めることが

	【A】 知識の活用	【B】 記事の内容	【C】 人物相関図	【D】 レイアウト
4点	各テーマの記事で、授業で習得した知識や用語を5つ以上使えている。	「世界の中の日本」の視点を持ち、外国の文化や動向が日本の歴史に与えた影響について記事が書かれており、また、現代の日本とのつながりや現代との比較が書けている。	5人以上の人物で相関図が描かれており、中心となる人物を真ん中に配置し、矢印や説明の語句が工夫されているなど、人物同士の関係が分かりやすい。	三つの記事のレイアウトを分けた上で、文字の種類を記事毎に変化を付けたり、イラストや写真を入れることで見やすいレイアウトになっている。
3点	各テーマの記事で、授業で習得した知識や用語を4つ使えている。	「世界の中の日本」の視点を持ち、外国（中国・朝鮮半島・ギリシア・インドなど）の文化や動向が日本の歴史に与えた影響について記事が書かれている。	5人以上の人物で相関図が描かれており、人物同士の関係が適切に書かれている。	三つの記事のうち、大見出しを付けない記事の一つを「タタミ」か「カコミ」を使用して書いている。
2点	各テーマの記事で、授業で習得した知識や用語を3つ使えている	授業の知識を活用しつつ、三つのテーマ毎にポストイットを使用して、知識のつながりがまとめられている。	4人以上の人物で相関図が描かれている。	三つの記事に主見出し、袖見出しを設け、強調したい記事の一つには大見出しがあり、記事の分量が多くなっている。
1点	各テーマの記事で、授業で習得した知識や用語を2つ以下しか使用できていない。	授業の知識を活用しておらず、記事が辞書やインターネット、教科書などに載っているような説明を写しただけである。	3人以上の人物でしか相関図が書けていない。	三つの記事のそれぞれに、主見出し、袖見出し、が設けられている。

資料2：歴史新聞ルーブリック

できる。

　本実践では【A】知識の活用の観点によって、習得した知識や概念の活用を促しており、【B】記事の内容の観点によって、「知識のつながり」「日本の歴史に与えた影響」や「現代の日本とのつながりや現代との比較」といった視点を踏まえて、文章を書くことを促している。

　このような観点を踏まえて文章を書くことが、「習得した知識や概念のより深い理解」につながるのである。

5.　これからの実践の方向

　学習の振り返りの中である生徒が、「旧石器時代から始まって、人と人とのつながりを通して新しい習慣を身につけていき時代ごとに発展していくんだなと思った。中国との交流のうちに発展していったことが多いなと思った。そのようなことを学んでいる中で、自分たちも人との関わりを通して改善すべきところや良いところを知り、より良くなっていく。なので、人との関わりは大切なものだと思った。」と書いていた。

　この生徒は、時代ごとの比較を踏まえ、歴史的な事象の関連性を理解しているのみならず、それを自身の生き方にまでつなげて発想することができている。一つの姿として、歴史学習が目指すのは、こういった概念的知識の獲得なのだろう。

　探究的な学習をすること自体が目的ではなく、探究的な学習を通じて、どのような力を育むのか、またどのような人間になってもらいたいのか、その点を何度も自問自答しながら、また新たな授業開発を進めていきたい。

※この実践は移行措置期間での試行的実践であるため、「日本史探究」を想定して2年生の日本史Bで行ったものであるが、2023年度からは「日本史探究」で実施予定である。

5 「十字軍は聖戦だったのか?」を主体的に追究する世界史探究の授業開発

安藤 なつみ
(埼玉県立朝霞高等学校)

1. この授業のねらいと概要

「世界史探究」の学習指導要領を参照すると、「課題を追究したり解決したりする活動」という記述が設けられており、課題解決に向けた探究的な学習が重視されていることがわかる。2022年からの新学習指導要領実施に向けてこの「世界史探究」という科目に対する理解を深め、それを基にした授業と教材の開発及び実践を目的に、「十字軍は聖戦だったのか?」という学習課題を設定した。

また、この授業の目的を、「探究的な学習のプロセスを踏まえながら、学習課題『十字軍は聖戦だったのか?』について資料の読み取り、他者との意見交換、意見の練り上げ等を通して自分なりの意見を持ち、表現する。」とした。

世界史において、教科書の記述は新たな歴史的発見によって変化することもある。また、研究者によって異なる解釈も存在する。そして社会に関わる様々な諸課題については、「こうすれば解決できる」といった簡単な解決策はない上、その解決策でさえ人によって主張が異なる。以上に留意し、世界史探究における「課題解決」を「学んだこと、追究したことを基に自分なりの考えや答えを持ち、他者に伝えられること」と定義し、以上を探究のゴールにした。

2. 学習指導要領との関わり

新学習指導要領「世界史探究」の目標は、「社会的事象の歴史的な見方・考え

方を働かせ、課題を追究したり解決したりする活動を通して、広い視野に立ち、グローバル化する国際社会に主体的に生きる平和で民主的な国家及び社会の有為な形成者に必要な公民としての資質・能力を次のとおり育成することを目指す。」である。この前半部分、すなわち「社会的事象の歴史的な見方・考え方を働かせ、課題を追究したり解決したりする活動」という箇所が世界史探究における「探究」の活動に相当すると見なすことができる。世界史探究では見方・考え方を重視していくこと、そして課題解決的なプロセスを重視して行う学びが探究であると定義しているといえる。また学習指導要領解説【地理歴史編】においては、探究は「生徒の発想や疑問を基に生徒自らが主題を設定し、これまでに習得した歴史の知識、技能を用いたり、社会的事象の歴史的な見方・考え方を働かせたりして、歴史的観点から諸資料を活用して主体的に多面的・多角的に考察、構想し、表現する活動」（p.341〜342）と定義された。以上を踏まえ、学習指導要領が提示する探究的な学習を、「課題設定」「課題追究」「課題解決」のプロセスをたどる学習であると整理した。

3. 教科の特質を活かして探究的な学習をどう設定したか

　学習指導要領の記述を踏まえ、本実践では図1のような学習プロセスモデルを新たに作成した。このプロセスモデルは、生徒に配付した「探究のてびき」（後

	プロセス	具体的な内容
1	#知る	授業を通して十字軍の概要を学ぶ。
2	#仮説立て	各自指定された資料を読み、仮説を立てる。
3	#情報収集	グループで各自読み取った資料を共有する。
4	#情報の検討・分析	話し合いながら資料を取捨選択する。 話し合いを踏まえ、仮説を検証して再度答えを考える。
5	#表現する	小論文を書く。
6	#振り返る	書いた小論文を友達同士で読み合い、評価シートに基づいて評価をする。

図1：今回設定した学習プロセス

述）に掲載したものである。これら6つの学習プロセスを踏まえた「課題把握、課題追究、課題解決」の学習を「探究」とした。

また、育成を図る資質・能力に関しては、学習指導要領の目標のうちの、「(2)世界の歴史の大きな枠組みと展開に関わる事象の意味や意義、特色などを、時期や年代、推移、比較、相互の関連や現代世界とのつながりなどに着目して、概念などを活用して多面的・多角的に考察したり、歴史に見られる課題を把握し解決を視野に入れて構想したりする力や、考察、構想したことを効果的に説明したり、それらを基に議論したりする力を養う。」を重視し、これらの資質・能力の育成を図った。

4．実践の具体的な特徴

（1）指導と活動の流れ

この単元の各時間の内容とめあてを、学習プロセスモデルと対応させて次のように設定した。

第1時	十字軍（前半）	#知る	十字軍の複雑な目的を、1次史料（ウルバヌス2世の十字軍召集演説）を用いながら理解する。第3回までの十字軍運動の実態を理解する。
第2時	十字軍（後半）	#知る	第4回十字軍以降の十字軍運動の変容を理解する。十字軍が与えた社会への影響について考える。
第3時	探究活動①	#仮説立て #情報収集 #情報の検討・分析	課題「十字軍は聖戦だったのか？」について、資料の読み取りを通し、仮説を立てる。グループワークによって意見を練り上げ、小論文として意見をまとめる。
第4時	探究活動②	#表現する #振り返る	グループで互いの小論文を読み合い、相互評価を行う。その後、十字軍に関連する現代社会の実態と課題を理解し展望する。

図2：本単元で設定した探究的な学習のプロセス

(2) 特色ある探究的な活動

　資料はA、B、Cと3種類用意した。それぞれ専門書から引用してきた文章である。多様な視点の情報を生徒が習得できるような内容のものにした。生徒は指定された資料をまず個人で読み取り、課題に対する仮説を立てる。その後、資料A、B、Cそれぞれを読み取った生徒を含む3人ないし4人のグループを結成し、各自が読み取った資料の内容と仮説を紹介し合い、グループで一つの結論を導き出させた。グループで導き出した結論は、書記の生徒がホワイトボードに記入し、クラス全体に向けて発表をした。そして最後に個人に戻り、3種類の資料やグループでの話し合いの内容、また、他グループの発表を踏まえて自分自身の結論を導き出した。

　表現の段階では、小論文の作成を設定した。小論文執筆の際には、探究のてびきの「小論文の書き方」を参照して書くように指示を行った（**写真1〜4参照**）。

写真1：資料をグループで読み合う

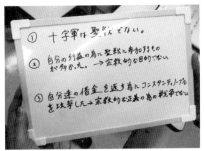
写真2：グループの考察をまとめる

写真3：友だちの小論文を評価する

写真4：小論文の内容を発表する

（3）教材の工夫

　最終的に「探究のてびき」は全15ページとなった（図3）。目標と目的、活動のプロセス、授業計画を序盤で提示し、活動の全体像が生徒にわかるようにした。それから知識習得段階における学習内容の復習ページも設けた。これは、知識の活用を促す目的がある。そして探究的な学習に使用する為の資料を3種類、ワークシート、小論文の書き方、ルーブリック等を盛り

図3：「探究のてびき」目次

込んだ。探究的な学習に必要な情報やワークシートをすべてのこの探究のてびきに盛り込むことで、生徒の主体的な探究活動を促した。

（4）学習評価の工夫

　4時間目には生徒が宿題として書いてきた小論文をお互いに読み合い、相互評価を行った。その際には、探究のてびきに入っているルーブリックを用いて点数を付け、自由コメントとともに評価用のワークシートに記入した（図4）。

5.　実践の成果とこれからの実践の方向

① 小論文の作成

　ほとんどの生徒がしっかりと根拠をあげて、「小論文の書き方」に則り書くことができた。一方で宿題として課したものの書けなかった生徒もいた。

② 生徒の感想

　「探究の授業で十字軍に対する理解がより深まった」、「自分だけでなく他の人

	①文章の正確さ	②論文の構成	③論拠	④説得力
満点 （3点）	漢字の間違いや文章の間違いがなく、正しい日本語で文章が書けている。	論文全体を4段階に分け、それぞれに「序論、理由①、理由②、結論」が書けており、わかりやすい構成になっている。	資料や習ったこと等から根拠を2つ以上明確に示せている。	説得力のある内容で筋が通っている。
2点	漢字や言葉遣い等、日本語の間違いが1か所ある。	段落は別れているが、書かれている内容が段落ごとに整理されていない。	資料や習ったこと等から1つ根拠を示せている。	筋は通っているが説得力に欠ける。
1点	漢字や言葉遣い等、日本語の間違いが2か所以上ある。	段落ごとに内容が整理されておらず、わかりにくい文章になっている。	資料や習ったこと等を根拠として示せていない。	筋が通っていない。

図4：生徒が用いたルーブリック（探究のてびき、p.13より）

の意見も聞けてより考えが深まった」、「世界史のおもしろさに気付いた」等のコメントがあった。

③ アンケート結果（抜粋）

　概ね前向き、肯定的な回答をしている生徒が多い結果となった。特に、今回は「探究により自分なりの意見をしっかり持つ」ことをゴールに据えていたが、Q7については回答した30人中28人の生徒が「はい」と回答している。一方で特筆すべきは「１．探究の授業について」のQ8である。「はい」と答えた生徒が10名、「いいえ」と答えた生徒が20名と、3分の1の生徒が仮説から小論文を書くまでに意見が変化していないということがわかった。

　課題としては、今回生徒が活用した資料A、B、C、は邦訳された1次史料が少ないことから全て2次資料から引用しているため、客観性を持たせるためにはやはり1次史料が望ましい。また資料A、B、Cはそれぞれ「聖戦である」の根拠になりやすいもの、「聖戦でない」の根拠になりやすいもの、というように分類し、すべて総合することで多面的・多角的に十字軍を考察できるというねらい

	はい	どちらでもない	いいえ
1. 探究の授業について			
Q2 自ら主体的に活動に取り組むことができた	23	7	0
Q3 いろんな側面から十字軍について考えることができた	26	4	0
Q4 他者との意見交換や話し合いの中で、自らの考えを深めることができた	26	4	0
Q5 習ったことや資料の内容など、根拠をしっかり踏まえて小論文を書くことができた	21	5	4
Q7 最終的に、「十字軍は聖戦だったのか?」の問いについて自分の考えを持つことができた	28	2	0
Q8 「仮説」で立てた答え(聖戦である/聖戦でない)は、小論文を書くまでに変化した	10	0	20
Q9 他の人の小論文を読んで、自分の意見に影響があった	16	6	7
Q11 世界史に関係する社会の様々な課題(例えば戦争の問題等)についても考えてみたいと思った	19	6	3
2. 探究の冊子について			
Q12 全体を通してどのくらい目を通しましたか?	すべて		7
	大体		17
	必要なところだけ		4
	ほぼ読んでいない		0
Q13 主体的に取り組む手助けとなった	27	1	0
Q14 必要な情報が入っていたのでスムーズに作業できた	27	1	0

授業評価アンケート結果(抜粋)

があったが、キリスト教側に視点がかなり偏っていた。結果的に「聖戦である」と結論付けた生徒の方が多く、またアンケート結果から、仮説から小論文を書くまでに意見が変わっていない生徒の方が多いことからも、やはり資料の視点が偏ってしまったことで生徒の意見が固定されてしまい、意見の広がりも起こりにくかったのではないかと思う。

　さらにアンケート結果から、生徒は「探究のてびき」を「すべてよく読んだ」が7人、「大体読んだ」が17人、「必要なところだけ」が4人、「ほぼ読んでいない」は0人であった。Q13、Q14に対してはほとんどの生徒が「はい」と回答していることから、主体的な探究活動を支える目的は達成できたと感じているが、活動の直前に配付したためじっくりと読み込む時間が生徒に与えられていなかった。「探究のてびき」に関しては「世界史探究」という科目全体を支える土台として、配付のタイミングまで留意して有効性を高めていきたい。

※この実践は、足立学園中学校・高等学校において実践されたものである。
※「探究のてびき」等はダウンロードサイトから入手可能。

―――参考文献―――
・桑田てるみ『思考を深める探究学習』全国学校図書館協議会、2016年。

6 統計的探究プロセスを導入した探究的な学習の実践と評価

—— 批判的思考態度向上の観点から ——

名知 秀斗
（岐阜県立華陽フロンティア高等学校）

1. この授業のねらいと概要

　この授業では、統計分野において、探究の過程を取り入れることで、資質・能力の一つである、批判的思考態度向上を促すことをねらいとする。

　新学習指導要領の理数探究には、統計分野が登場する。旧学習指導要領には、理数探究は設けられていないが、数学Ⅰ「データの分析」では既に、理数探究でも扱う統計分野が登場している。そこで、本実践は、数学Ⅰの「データの分析」の統計分野において、試行的に理数探究における統計分野の探究の過程を想定して実践した。

　実践した授業で扱った統計的な知識や技能は、1回目は度数分布表・ヒストグラム、2回目は箱ひげ図、3回目は分散、4回目は相関関係・標準偏差である。本実践では、4回分の統計の知識や技能を、文化祭など、生徒の日常的な問題を題材としながら、後に詳述する、統計的探究プロセスという統計分野固有の探究の過程を通じて、生徒に学ばせることにした。

2. 学習指導要領との関わり

　日本の社会において、昨今、より一層統計教育への期待は大きくなってきて

いる。社会における統計教育への期待が高まる中で、高等学校学習指導要領解説【理数編】の理数探究においても、平均値、標準偏差、相関係数などの統計量を含む「（オ）事象を分析するための技能」を、探究の過程を遂行することを通じて、身に付けさせることが求められている。前述のように、旧学習指導要領では、理数探究は設定されていない。そこで、今回は、統計分野を数学Ⅰの「データの分析」において、探究の過程の要素を取り入れて試行的に実践した。

　なお、新学習指導要領では、教科の中で資質・能力を育成することも強調されている。この資質・能力の一つとして、批判的思考が挙げられる。批判的思考とは、「何を信じ、何を行うかの決定に焦点を当てた、合理的で反省的な思考」（ENNIS、1987）のことで、理数探究の高等学校学習指導要領解説では、「自分自身の探究の過程に対しても批判的な考えをもって評価・改善するよう指導することが重要である」（高等学校学習指導要領解説【理数編】」）と、探究の過程において、批判的思考を働かせる指導を行う重要性が指摘されている。さらに、分野としては統計分野で批判的思考を働かせることが強調されている。ここから、本稿では、理数探究の統計分野における探究の過程（統計的探究プロセス）を通じて、批判的思考の特に態度面（以降、批判的思考態度と記述する）の向上をねらいとした授業実践を行い、その実践を評価することを目的とする。

3.　教科の特質を活かして探究的な学習をどう設定したか

　理数科における探究の過程は、「①課題の設定➡②課題解決の過程➡③分析・考察・推論➡④表現・伝達」の4段階の過程とされている（同上、p.14）。しかしながら、本実践では統計的探究プロセスという、統計分野に固有なフレームワークを取り入れ、探究的な学習を組み込むことにした。この理由は、統計分野で探究を行う際に、より統計分野に力を入れた、具体的な授業設計が行いやすいと考えられたためである。

　文部科学省は、統計的な探究プロセスとして「問題（Problem）― 計画（Plan）― データ（Data）― 分析（Analysis）― 結論（Conclusion）」からなるPPDACサイクルを提示している（**表1**）。本実践ではこのPPDACサイクルを統

計的探究プロセスを探究の過程として扱う。

問題	・問題の把握	・問題設定
計画	・データの想定	・収集計画
データ	・データの収集	・表への整理
分析	・グラフの作成	・特徴や傾向の把握
結論	・結論付け	・振り返り

表1：PPDACサイクル（高等学校学習指導要領解説【数学編】」、p.46）

4. 実践の具体的な特徴

（1）指導と活動の流れ

　本実践は、65分授業4回と、第4回目後の最初の授業冒頭の10分間を用いて行った。対象は、高等学校1年生の生徒56人であった。実践を行った高校は、県内の進学校の一つである、岐阜県立多治見北高等学校であった。

　設計した授業における活動は、「1．PPDACサイクルを用いた発表」「2．重要語句や解法の確認」「3．PPDACサイクルによる問題解決」の順で、スパイラルな流れで実践した。以下では、便宜上、まずは「2．重要語句や解法の確認」から、実践した授業の具体的な説明を行う。

　第1回目の授業冒頭は、「2．重要語句や解法の確認」から始めた。「2．重要語句や解法の確認」では、20分間を用いて、予習として出題した「データの分析」の用語確認問題の答え合わせや、基本的な問題の解法を確認する実践を行った。この段階で、基本的な統計分野における知識や技術の習得を目指した。

　次の「3．PPDACサイクルによる問題解決」では、35分でプリントに記載された問題を、PPDACサイクルを用いて4人グループで解決させる実践を行った。「3．PPDACサイクルによる問題解決」では、時間の都合上、問題（P）と計画（P）とデータ（D）の3つを簡易化した。具体的には、「問題（P）：生徒が日常感じる問題意識からテーマを決めさせること」、「計画（P）：決めたテーマに基づい

てデータ収集計画を立てさせること」、「データ（D）：計画（P）に基づき、実際にデータ収集をさせること」が記載してあるプリントを、教師から配付し、読解させることで簡易化を行った。次の段階である、分析（A）と結論（C）について、分析（A）では、グループで協力しながらプリントに記載されたデータを元に、ヒストグラム等のグラフ作成を経験させた。そして、結論（C）では、作成したグラフなどを根拠とした説明文を、グループでの話し合いの中で、わかりやすく記述することを経験させた。さらに、結論（C）として、「1．PPDACサイクルを用いた発表」を設けた。「1．PPDACサイクルを用いた発表」では、授業冒頭の10分で、各グループの代表者が他グループに向かい、前時の「3．PPDACサイクルによる問題解決」で記述した説明文をもとに、データや作成したグラフなどを根拠とした発表を行わせた。そして、他グループのメンバーに、代表者の発表への感想を書かせた。

　本実践では、これらの活動の内、分析（A）と結論（C）の活動に特に力をいれた。この活動中の実際の生徒の様子として、例えば「文化祭の喫茶店の来客数が多い時間帯」を調べるために「ヒストグラム」と「度数分布表」を書く課題を出した際に、教師から与えられた「時間帯ごとの半券」のデータを用いて、わかりやすく書くにはどうすればよいか等の議論を行いながら、ヒストグラム等を作成する生徒の姿が見られた（図1）。ヒストグラム等を作成し終わった生徒は、ワークシートの「説明文」欄に、自分が書いた文がわかりやすいのか仲間に確認をとりながら、PPDACに沿った説明を「統計的な用語」を入れて、記入する姿が確認された（図2）。

　そして、最後に行う「1．PPDACサイクルを用いた発表」では、聴き手の理解度を確認しながら、ワークシートを聴き手に向け、グラフを指さしながら発表する姿が確認された（写真1）。代表者の発表への感想では、「グラフを根拠に説明できていた」という感想や、「適切な用語を使いながらPPDACサイクルに沿った論理的な説明が出来ていた」という感想を、多くの生徒が書いていた（図3）。

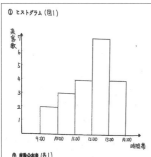

① ヒストグラム（図1）

② 度数分布表（表1）

階級	階級値	度数	相対度数	表で決定した時間ごとの人数20人の内訳
9時〜10時	9:30	2	0.10	2
10時〜11時	10:30	3	0.15	3
11時〜12時	11:30	4	0.20	4
12時〜13時	12:30	7	0.35	7
13時〜14時	13:30	4	0.20	4
合計		20	1.00	20人

図1：ヒストグラム等

図2：説明文への記述

写真1：説明文の発表の様子

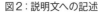

図3：発表への感想

（2）探究の特色ある活動

　本実践では、探究の特色ある活動にするために、上述の「1．PPDACサイクルを用いた発表」と「3．PPDACサイクルによる問題解決」に統計的探究プロセスを取り込んだ。この統計的探究プロセスを取り込んだ理由には、批判的思考態度の向上のねらいがあった。全ての探究的な学習の中で、教師は「本当にそのグラフでいいのか。わかりやすい説明文になっているのか。」など、批判的思考を働かせるための声掛けを行っていた。統計的探究プロセスは、そのプロセス自

体が、批判的思考を働かせやすい構造となっているが、教師の声掛けなどの取組によって、より一層、批判的思考を働かせ、批判的思考態度向上の促進が期待できると考えられる。

（3）教材の工夫

教材の工夫として、問題の題材を、「生徒が統計を身近に感じるような日常生活上の内容（第1回目：文化祭の利用客数の予想、第2回目：部活動の選抜選手の決定、第3回目：3つのハンバーガーショップのポテトの長さのばらつきの比較、第4回目：スマートフォンと学力の相関関係）」としたことが挙げられる。これによって、生徒は興味や関心を持って、統計的探究プロセスを取り入れた活動に取り組むことができていた。

（4）学習評価の在り方

批判的思考態度が、本実践を通じて向上したのかを確認するために、山元・向後（2013）の16項目を参考に質問項目を作成し（表2）、5件法で事前と事後に回答を求め、それぞれ5点から1点に得点化し、事前から事後への批判的思考態度の上昇の差を捉えた。t検定を用いて分析した結果、批判的思考態度のすべての項目で、事前より事後の方が、有意に得点が高くなっていた（表3）。ここから、本実践は、一定程度、批判的思考態度の向上を促したと考えられる。

5. これからの実践の方向

本実践は、1つの授業内で、知識や技術を習得させつつ探究的な学習を取り入れることは、時間的に難しいと考え、「問題（P）」「計画（P）」「データ（D）」を教師側から提示した。このような、制約がある中でも、結果として資質・能力の一つである批判的思考態度の向上に効果が確認された。

今後は、実際に理数探究の教科書を用いて、より具体的に理数探究における統計分野に特化した実践を考えることが課題である。また、今回の実践では統計的探究プロセスの「問題（P）」「計画（P）」「データ（D）」を教師側から提示した

が、時間的制約がなければ、これをすべて生徒が行うことが望ましいと考えられる。その際、どのように授業設計すればよいのか、今後の検討が必要である。

論理的思考への自覚	1．建設的な提案をすることができる
	2．何か複雑な問題を考えると、混乱してしまう
	3．誰もが納得できるような説明をすることができる
	4．道筋を立てて物事を考える
他者との学び志向	5．公平な見方をするので、私は仲間から判断を任される
	6．いろいろな考えの人と接して多くのことを学びたい
	7．わからないことがあると質問したくなる
	8．自分とは異なる考えの人と議論するのは面白い
根拠の重視	9．注意深く物事を調べることができる
	10．何かの問題に取り組む時は、しっかりと集中することができる
	11．判断をくだす際は、できるだけ多くの事実や証拠を調べる
	12．どんな話題に対しても、もっと知りたいと思う
他者の意見受容	13．意見が合わない人の話には耳をかたむけない
	14．物事を見るときに自分の立場からしか見ない
知的探究心	15．生涯にわたり新しいことを学びつづけたいと思う
	16．役に立つかわからないことでも、できる限りの多くのことを学びたい

表2：批判的思考態度の評価項目

測度	事前	事後	*t*値
論理的思考への自覚	11.6 (2.56)	14.2 (2.81)	6.44 **
他者との学び志向	14.0 (2.99)	16.4 (2.78)	6.07 **
根拠の重視	13.5 (2.89)	16.5 (2.87)	7.29 **
他者の意見受容	6.91 (1.35)	7.64 (1.94)	2.86 **
知的探究心	7.14 (1.70)	8.41 (1.44)	5.04 **

注1) 2、13、14は逆転項目で、データは反転済み　　　　　　　　　　　　　　**p<.01
注2) （　　　）は標準偏差

表3：事前と事後の批判的思考態度の結果

──参考文献──
・ENNIS. R. H. (1987) A taxonomy of critical thinking dispositions and abilities. In BARON. J. B. and STER N BERG . R . J. (Eds .). Teaching thinking skills: Theory and practice. W. H . Freeman and Company. New York. pp. 9 -26
・山元有子・向後千春「シナリオ作成を伴ったロールプレイング授業が批判的思考態度に及ぼす効果」『日本教育工学会論文誌 第37号』2013年、33〜36ページ。

第5章 選択科目での探究授業

1

評論文の比較読みを通して『こころ』を深く読解する探究的な学習

田原 桜子
（東京都立富士高等学校）

1. この授業のねらいと概要

　この授業は、新学習指導要領のもとで新設された「文学国語」における探究的な学習を、定番教材である夏目漱石の小説『こころ』を通して実施したものである。作品に描かれている時代、その時代を生きた人の思想、青年の生き方・考え方に注目しながら、現代の思春期を生きる自己と対照し、作者が描こうとしたテーマを考察するとともに、関連する複数の評論文の比較読みを通して『こころ』を深く読解することを本科目における探究的な学習のめあてとしてとらえた。

　具体的には、まず、作品自体の読みを深めるためにグループで授業づくり（レジュメ作成＋授業発表会）をさせる。そうして作品自体の解釈を深めさせたうえで、さらに自分の考えを深めるために『こころ』の複数の評論文の比較読みをして、思考力を問う記述問題に取り組ませる。探究的な学習における主体的な学びを支えるために「探究学習の手引き」を作成し、それを用いながら授業を行う。レジュメと授業発表会はルーブリックで評価し、記述問題は解答類型を用いて、実践の効果を考察する。

　このような現代文の授業をデザインして、国公立・難関私立大学に多くの現役合格者実績がある公立高校で実践した。

　では、以上のような特色ある探究的な学習を行う上で参照した新学習指導要領の規定を次に見ていくことにする。

2. 学習指導要領との関わり

　高等学校学習指導要領では、「文学国語」の読むことの目標について、次のように定めている。

> オ　作品に表れているものの見方、感じ方、考え方を捉えるとともに、作品が成立した背景や他の作品などとの関係を踏まえ、作品の解釈を深めること。
> カ　作品の内容や解釈を踏まえ、人間、社会、自然などに対するものの見方、感じ方、考え方を深めること。
> キ　設定した題材に関連する複数の作品などを基に、自分のものの見方、感じ方、考え方を深めること。

　これらの目標から、文学的な文章を読み、登場人物の考え方や生き方について共感したり、疑問を抱いたりして思索を深めることが、探究的な学習につながる出発点となることがわかる。さらに、一つの作品だけでなく、関連する他の複数作品と読み比べをすることで作品への解釈を深めさせ、生徒一人ひとりのものの見方、感じ方、考え方を深めることができる。

　また、本科目で育成を図る資質・能力（思考力・判断力・表現力）について、本文から読み取ったことを生かしたうえで登場人物の複雑な人間関係や心理描写を踏まえてどうやって他者にわかりやすく伝えるのか考え、表現を工夫する必要がある。

3. 教科の特質を活かして探究的な学習をどう設定したか

　総合的な学習の時間における探究学習の単元モデルである「R-PDCAサイクルモデル」（田中、2016）と、「6プロセス9アクション」（桑田、2016）を比較することで、探究的な学習とは1課題設定→2仮説の設定→3課題解決の計画立案→4情報収集→5評価と今後の展望、というプロセスを踏むものだとわかった。そこで、1単元8時間という時間設定かつ教科の特性や単元内容を踏ま

えて、1.基礎学習（学習課題の提示、知識の習得）→2.探究の計画（計画立案）
→3.実施 （個人制作、協働での作品制作、作品発表）→4.評価（自己評価、相
互評価、探究学習の評価）→5.新たな学びへの展望（学習の振り返り）という単
元モデルを作成した。学習課題達成のためには、例えば「実施」の段階にあって
も、必要に応じて「基礎学習」に戻ったり、「評価」に進んだりすることが可能
であり、一方通行ではないものとする。

4. 実践の具体的な特徴

(1) 指導と活動の流れ

　実施時期は2学期からであるため、下準備として夏休みの課題から指導が始ま
る。

〈夏休み前〉

　『こころ』は教科書に一部のみの掲載であるため、授業開始前の通読が必要に
なる。そこで、夏休み中に全文通読を課題とし、夏休み明けに確認テストを実施
すると伝えた。また、第2時に配付するレジュメに掲載した「指定の記述問題」
をまとめた予習プリントを配付し、課題とした。

〈第1時〉基礎学習（学習課題の提示、知識の習得）

　まず、複数の「探究学習の手引き」を配付し、生徒の活動時間確保のため、ポ
イントのみ簡潔にスライドで提示した。具体的には「授業づくりの手引き」を通
して学習課題を理解し、課題解決に対して計画の見通しをつけさせた。グルー
プの授業が終わった後、最後に思考力を問う記述問題に取り組むことを伝え、問
題も事前に提示した。「レジュメのルーブリック評価」や「授業発表会のルーブ
リック評価」（図）の手引きを通して目標を確認させた。

　次に、『こころ』の確認テストに取り組ませ、解説をしながら『こころ』を読
むにあたって前提となる知識の確認をした。また、一人数章ずつあらすじをまと
めることを担当させ、全章のあらすじをクラスで完成させる『こころ』あらすじ
リレーに取り組ませた。

〈第2時〉基礎学習（知識の習得）、探究の計画（計画の立案）

　まず、前時に作成させた『こころ』あらすじリレーを通して、読解に必要な基礎知識の確認を改めて実施した。次に、グループの顔合わせをしたうえで、授業発表会の日程やレジュメの提出スケジュール等の予定を説明し、各グループ内で見通しをつけさせた。クラスを13グループに分け、教科書掲載分の全13章を1グループ1章ずつ割り振った。次に、担当の章のレジュメを配付し、個人で取り組ませた。レジュメには、あらかじめ、章ごとの授業の目標が記入されており、その章の目標を達成させるための「指定の記述問題」が2題程度と、章の目標を達成するためにグループで作問した「オリジナルの記述問題」を記入する欄と、「自由掲載欄」と、説明してほしい「指定の語彙」が掲載されている。「指定の記述問題」と「オリジナルの記述問題」は、解答と思考の道筋を書くことを課した。このときも繰り返し、レジュメのルーブリック評価を確認させた。

〈第3時・第4時・第5時〉実施（個人制作、協働での作品制作、作品発表）

　前時に個人で取り組んだレジュメを持ち寄り、グループで話し合い、グループとして1枚提出するレジュメを作成させた。その際、「話し合いの手引き」を配付し、合意形成を図れるように導いた。レジュメは下書き2回の提出を課して、教員が点検しコメントを書き込んだ。授業時に返却し、コメントした点を解消するようにグループで話し合わせた。コメントは、発問することを心掛け、注目すべき本文の章を伝えたり、ヒントとなる文献を引用したり、決して答えは伝えず、自分たちで教科書掲載部分だけでなく、本文全体を読み込ませ、考えさせるよう導いた。レジュメは、ルーブリックで自己評価させたうえで、完成版を提出させた。レジュメ完成後は、授業発表会のルーブリックに合わせて、レジュメと併用して使用するスライドや模造紙などの作成時間にあてさせた。

　完成したレジュメ（**写真7**）は印刷し、授業発表会のときに冊子にして配付した。発表会では1グループ5分で発表させ（**写真8**）、必要に応じて教員が補足した。さらに発表会の際、レジュメと発表活動に関するそれぞれのルーブリックを用いて相互評価させた。自分の班に関しては自己評価をする。これらも、評価のための手引きとワークブックを作成しそれに従って行わせた。

〈第6時・第7時〉評価（自己評価、相互評価、探究的な学習の評価）

　全グループの授業発表が終了した後、評価を集計し発表した。教員による講評と生徒による評価の説明を実施した。こうして、作品に対する読みを深めた後に、記述問題に取り組ませた。記述問題は、「『人間の罪』とあるが『こころ』という作品の中で、あなたは誰に罪があると考えるか。罪の内容も明らかにしたう

写真1：こころの評論文を読み比べる

写真2：読みを深めるシートへ記入する

写真3：読みを整理した生徒のノート

写真4：最も罪が重いと思う人の投票結果

写真5：グループ討論

写真6：記述式問題に取り組んでいる

えで、根拠を次の評論文a～cに求めて、200字で説明せよ。」という思考力を問う、発展的なものとした。記述問題を個人で解く前に、「記述問題に取り組むための手引き」を配付して、誰に罪があるとする立場なのか、まず個人での考えを明らかにさせた（写真1～4）うえで、次に同じ立場の人とグループを組み、自分たちの意見を深め、根拠を整理させ（写真5）、最後に個人に戻り、記述問題に取り組ませて提出させた（写真6）。

〈第8時〉 新たな学びへの展望（学習の振り返り）

　回収した記述問題には、解答類型をつけて返却し、解説しながら自己採点させた。最後に、異なる立場から書いた記述を発表させ、クラスで共有した後、一連の『こころ』の学習を振り返り、事後アンケートを行ってまとめとした。

(2) 特色ある探究的な活動

　生徒による授業づくりにより、登場人物の心情や情景描写や作品背景、文章の構造を意識しながら、本文から人間関係や行動から見える人物の気持ちを読み取り、該当する章以外からも読解を深めるようにした。また、レジュメには章ごとの達成目標に沿った教員指定の問いだけでなく、オリジナルの問いも作成させることで、生徒たち自身の疑問を大切にさせた。解答だけでなく思考の道筋も記入させるため、作品の解釈を深めることができる。さらに、生徒たちに解釈を丸投げしたり、根拠のない推測による記述解答に着地させたりするのではなく、2度の教員点検を通して、何度も発問されることによって、生徒たちは読みを深めて

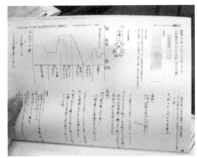
写真7：班での発表原稿

写真8：班での発表の様子

いく。そのうえで授業づくりの後に、作品に関する評論文を複数読み比べる記述問題を解くことで、各自の考え方を深めることができた。

(3) 教材の工夫

　多数の手引きとルーブリックを作成し、課題解決に向けて探究できるように工夫した。また、限られた授業時数の中で、生徒が活動時間を確保して探究できるよう、教員の説明時間を最小限に留めるため手引きは詳しく書き、要点はスライドで簡潔にまとめて液晶プロジェクターで投影した。レジュメは、章ごとに授業目標が異なるが、目標達成への足掛かりとなる指定の問題は教員で用意して、レジュメに取り組めば自然と理解が深まるように工夫した。

	A内容	B表現の工夫	Cチームワーク
3	意見交換のもと、深い読みや根拠（思考の道筋）がなされており、章の目標がすべて達成された内容だ。全体構成もしっかりとしている。	スライドや模造紙の活用や漫画の演技など、わかりやすく伝えるための＋αの表現の工夫がある。そのため聞き手とのコミュニケーションが取れており、相互啓発の空間が構成されている。	内容構成、資料作成、発表の各場面でチームワークがよく発揮されている。メンバーの個性が見える発表である。
2	グループで意見交換して考えたことが、構成よく整理されて伝えられている。章の目標が一つ達成された内容だ。	＋αの表現の工夫はないが、資料作成、役割分担、明瞭な発声、主張点の明確化、時間管理などの点で優れている。	内容構成、資料作成、発表の各場面でチームワークがよく発揮されている。
1	発表内容に深い読みや根拠（思考の道筋）のある説明がなされていないために、表面的な内容で終わっている。章の目標は達成していない。	＋αの表現の工夫はなく、発言やレジュメの記述等にも明瞭性や根拠が十分にみられない。	内容構成、資料作成、発表の各場面でチームワークが十分に発揮されていない。

図：授業発表会の評価用ルーブリック

（4）学習評価の工夫

　この実践では、レジュメと発表活動のそれぞれに関してルーブリックを用いて生徒に自己評価と相互評価をしてもらい、教員による評価を行った。

5.　実践の成果とこれからの実践の方向

　今回の実践では、「探究学習の手引き」を用いて、生徒に対して積極的な学習支援を行った。生徒達自身に授業づくりによる教え合いをさせたことで、自らわからない所を見つけ、さらにその解答を本文全体に求めさせることができた。また、作品に関する評論3本と読み比べさせることで、自分の考えを深めることができたと、生徒の事後アンケートでは好評だった。

　しかし、授業時間内では生徒のグループ活動時間を完全にまかなえず、時間管理が難しいと感じた。今後は、重点単元を設定して単元に配当する授業時数を増やすなどのタイム・マネジメントが不可欠である。

追記：現在の勤務校ではBYODが推進され、生徒が校内Wi-Fiを使いTEAMSを活用している。実践校では、全て紙でのやりとりであったが、現在はこれらを全てTEAMS上でのやりとりにした。あらすじリレーは生徒の成果物を切り貼りして印刷・配付するのではなく、共同編集機能を使ってスライドにまとめさせ、その場で見せる。グループのレジュメも手書きではなく、ワードを使って打ち込ませるため、訂正時間も短縮した。下書き提出もデータでのやりとりなので、提出者と提出時間が一目瞭然で、グループ内の仕事の偏りや未提出者の掌握がしやすく、フォローしやすい。相互評価も、FORMS機能を使ってすぐに集計できるようになった。授業発表も特段希望がなければ、スライドに限定した。これらの工夫により、生徒の活動時間を捻出しやすくなった。生徒のより良い学びのため、今後も時流に合わせて、自分自身も勉強し、この単元モデルをより洗練させていきたい。

──参考文献──
・桑田てるみ『思考を深める探究学習』全国学校図書館協議会、2016年。
・佐藤和彦『高等学校国語科とカリキュラム・マネジメント』日本国語教育学会、2017年。
・田中博之『アクティブ・ラーニング「深い学び」実践の手引き』教育開発研究所、2017年。
・田中博之『アクティブ・ラーニングの学習評価』学陽書房、2017年。

②

ICTを活用した
型書き小論文作成の実践

── 複数の言語活動を組み合わせた
探究的な学習で学習効果の深化を図る ──

大門 櫻子（玉川聖学院中等部・高等部）
内藤 恵子（玉川聖学院中等部・高等部）

1. この授業のねらいと概要

　この実践事例はテーマ型小論文である。テーマに関する社会問題を生徒自ら調べて問いを立て、小論文の基本的な書き方と型を踏まえて自分の意見を800字で論理的に書くことを目標とする。

　今回のテーマは「コロナ」とした。新型コロナウイルスは社会のあらゆる分野に様々な影響を及ぼしている。生徒一人ひとりの関心や進路に沿って問い立てをさせることで、進路探究に繋げることも可能だ。論理的な文章の作成は大学入試、研究や就職活動等、卒業後の生活でも求められる。また生徒たちには、社会の出来事に対して自分の考えを持ち、それを自分の言葉で場面や相手に応じた適切な表現で伝える力を育てたい。

2. 学習指導要領との関わり

　学習指導要領解説【国語編】において、国語表現は「『思考力・判断力・表現力等』の他者とのコミュニケーションの側面の力を育成する科目として、実社会において必要となる、他者との多用な関わりの中で伝え合う資質・能力の育成を重視」（p.209）している科目である。この事例は、情報収集やディスカッション

を交えた小論文作成の授業である。したがって、「〔思考力・判断力・表現力等〕B 書くこと」の力を養う目的の中に、「〔思考力・判断力・表現力等〕A 話すこと・聞くこと」の分野の言語活動を合わせた授業となっている。また、小論文の基本的な書き方を学んでから作成していく点では、「知識及び技能　(1) 言葉の特徴や使い方に関する事項」も含んでいる。

学習指導要領解説【国語編】「国語表現」の「4 内容の取り扱い」には、以下のように書かれている。

特に国語を適切に表現する資質・能力を育成する「A話すこと・聞くこと」や「B書くこと」の領域の指導に当たっては、単に話したり書いたりさせるだけでは学習を深めたりそれを評価したりすることも難しくなるため、話したり書いたりするとともに、話題や題材に基づいて収集した情報を理解する必要がある。この場合、話したり書いたりする資質・能力を育成するために読む活動を取り入れることもある。また、書く資質・能力を育成するために話し合う活動を取り入れることもある。こうした場合においても、あくまでも、育成する資質・能力と言語活動との整合性を的確に見極める必要がある。(p.245)

単元に適した言語活動を織り交ぜて、授業を組み立てることを試みた。

3. 教科の特質を活かして探究的な学習をどう設定したか

この小論文授業では「書く」活動だけでなく、グループでの悪文治療実践・情報交換のためのディスカッション・相互添削を通して、生徒たちがより客観的に自分の取組や小論文を振り返りながら目標に迫ることができるようにした。

生徒たちは一人一台のiPadを所持している。そのため、生徒向けの配信アプリ「Google Classroom」や「Google Drive」を駆使することで、ルーブリックや授業パワーポイントを自由に見返しながら作業できるようにした。教員側もデータ上で即時に生徒の作業の進度を確認しアドバイスに役立てた。

また、調べ物とディスカッション、小論文作成の授業は、図書室で行った。本校の図書室は、書籍・音楽および映像資料といった幅広い資料や、情報収集のた

めのICT機器を揃えており「情報センター」と呼ばれている。司書・司書教諭の先生方には、テーマに関する書籍を揃えたり、iPadにインストールされている情報検索サイトの使い方を説明していただいたりした。

4. 実践の具体的な特徴

（1）指導と活動の流れ

履修者は32人、担当教員は2人である。授業の内容によって2クラスに分かれるなど柔軟性がある。今回は全て全体での授業を行った。授業場所は教室と「情報センター」を使い分けている。

2時間連続の時間割で、全6回の授業を行った。

≪授業の流れ≫
1・2時間目：小論文の基本的な書き方説明、悪文治療実践
3・4時間目：情報収集と問い立て、情報交換のためのディスカッション、小論
　　　　　　文下書き
5・6時間目：小論文清書、相互添削、自己フィードバック

（2）探究の特色ある活動

1時間目は、教室にて小論文の基本的な書き方の説明と悪文治療実践である。小論文とはどのような文章を指すのか、どのような型や構文を用いるとよいのか、適切な表現について、原稿用紙の使い方について等、例を用いながらパワーポイントで説明を行う。

生徒は、スクリーンおよび手元の「Google Classroom」に配信されたパワーポイント資料

写真1：「Google Classroom」画面

のpdf版を参照する。

「Google Classroom」には予約配信の機能があり、授業内で使用したい資料や、生徒の作業用の課題をあらかじめセットしておくことで、授業が進むに従って予定の時間に自動で生徒に配信される仕組みになっている（写真1）。課題は一人ひとりにドキュメントファイルとして配信することができる（写真2）。生徒たちは配信されたドキュメ

課題の詳細　　生徒の提出物

期限: 6月21日、23:59
小論文下書きワークシート
5点

本日、次回の小論文の授業で使う、ワークシートです。

6月10・（17日）①情報収集
6月17日　　　　②「問い」決定
　　　　　　　　③ 小論文の型に当てはめた下書き
6月21日　　　　このワークシート提出〆切

6月17日の授業で行うディスカッションで情報に肉付けし、「問い」を立てましょう。
班で情報をシェアし、自分の小論文の「問い」が立てられるように、しっかり情報収集をしていきましょう。

添付ファイル

　📄　無題のドキュメント
　　　各生徒にコピーを配ります

クラスのコメント

クラスのコメントを追加

写真2：配信した学習課題

ントファイルに文章を打ち込み、そのままデータで提出することができる。教員側の確認と採点、コメント付け、返却も可能である。ただ、学習活動によって紙での作業か、データでの作業のいずれが適しているかを判断することが必要である。

　次に、悪文治療を実践した。添削者側の立場に立ち、客観的に小論文を読む体験の実践である。どのような文章が読みにくいかを体感で理解し、細かな表記の乱れに気づくように読み手側の視点を持たせることがねらいである。小論文作成の基本的な知識・技能の理解を深める効果がある。

　あらかじめ原稿用紙に打ち込んでおいた小論文の悪い例のプリントを配付し、色ペンを使って添削をさせた。各自の作業から、次に4人1組のグループへと編成し自分の添削を共有していく（写真3）。さらに、各グ

写真3：悪文治療実践の話し合い

ループで２つずつ、他のグループと重ならないよう添削箇所を発表させた。表記面だけでなく言葉の表現についての指摘もあがっていた。

写真4：「情報センター」にて

　２時間目は「情報センター」へ移動し悪文治療の４人グループで着席させた。この時点で、「Google Classroom」には小論文のための情報をまとめ、問いを立て、序論・本論・結論の型に当てはめて文章を打ち込める下書き用のドキュメントファイルを生徒一人ひとりに配信済みである。

　まずは問いを立てるための各自の調査活動に移った。生徒たちは、書籍や新聞記事、インターネットと様々な方法で情報収集を行った（**写真4**）。

　３時間目には生徒たちにルーブリックを配信し、小論文を作成していく際の目標や目安をあらかじめ明らかにさせた。

　司書教諭の先生方からは、生徒のiPadにインストールされている「ジャパンナレッジSchool」の使い方を説明していただいた。

　多くの生徒が問いを立て、小論文の材料とする情報を収集しているところで、グループでの情報交換を行う。テーマに対して調べたことや、論点について語り合う様子が見られた。異なるグループ間でも同じ分野の問いを立てている生徒同士を引き合わせると、より効果的な情報交換ができたようである。

　生徒の立てた問いの例を以下に示す。

・「東京一極集中改善のために国や行政が地方や移住者に対して支援をすることに賛成か反対か」
・「コロナでの影響の格差と今までの格差の違いはあるのか」

4時間目では、各々がルーブリックを参照しながら小論文の下書きを進めて
いった。全てiPad上での作業だが、画面を分割する機能を使えば、同時に複数
の資料を見ながらの作業が可能である。

　5・6時間目には場所を教室に戻し原稿用紙に清書を作成した後、グループで
清書を回し合いそれぞれが異なる色のペンで書き込みながら相互添削を行った。
自分の手元に戻ってきた友人の添削をよく見返し、自己評価と振り返りの時間を
持った。「Google Classroom」に、「Google Forms」であらかじめ作成してお
いた自己フィードバックを配信し入力・提出をさせた。「Google Forms」の質
問事項は、クラス・番号・名前の基本事項の他、ルーブリックの各項目の自己評
価結果と、相互添削を踏まえての自由記述の振り返りとした。

　回収した結果をグラフで見ることができる点やエクセルにまとめて出力するこ
とができる点で教員側にとっても効率的である。

　生徒の自由記述の振り返りを以下に紹介しておく。

・「相互添削で他者の小論文を読んだとき、違和感のある点や気になる点があり、
　　それを指摘するのと同時に自分も気をつけるべき点を学べました。」
・「一人で書いた小論文よりも、班のメンバーからの添削を受けて考える小論文は
　　今までよりも豊かにより良く書けるのではないか。」

　その他、文章構成での具体的な気づきや、表現の反省点をあげているフィード
バックも多く見られた。このことから、今回行ったグループ活動は生徒が小論文
を作成していく上で、自分の取組を客観的に振り返り、気付きを得るために適し
ていたと考えられる。

（3）教材の提示の工夫 〜紙とICTの併用と使い分け〜

　悪文治療実践と清書は紙、その他はデータとした。

　悪文治療や相互添削は直接書き込む方が取り組みやすい。また、実際に小論文
が課される際は原稿用紙に書くことになることが多いためである。

　一方で、クラウド上で生徒に課題を配信し、提出・添削・返却を行うことの利

点も多くある。クラウド上でならば、生徒は授業中でなくても期限内にはいつでもどこからでも提出することが可能だ。じっくり時間をかけて取り組ませたい課題である場合に適している。

「Google Classroom」の場合、教員の設定した期限を過ぎた提出は明確に判別できるようになっている点も便利だ。教員も提出状況や生徒の作業の進度の確認、添削、コメント付け、返却、追加の課題の配信を即時にどこにいてもできる。国語表現では生徒の作品添削・評価に多くの時間と労力がかかる。教員側の作業の効率化と負担軽減の効果もある。

(4) 学習評価の在り方

期末試験では同じテーマで600字の小論文を課し、振り返りを踏まえてより端的に意見をまとめさせ添削と評価を行った。この授業ではチームティーチングを行っているため、課題添削ではそれぞれの教員が半分の生徒を受け持ち、採点基準を共有して評価を付ける。今回の小論文は、ルーブリックの項目も生かしつつ「内容面、構成・表記面、表現面」、その他減点項目といった採点基準を基にまず受け持ちの生徒分を添削・採点し、その後、交換して教員2人で添削・評価を行った。その他、情報収集・問い立て・下書きのドキュメントファイルと自己フィードバックを提出させ、点数化した。

5. これからの実践の方向

この実践事例から、様々な言語活動を単元に合わせて取り入れることは、目標達成のために効果を生むと考えることができる。

また、今回のICTを駆使した実践は、共同授業者の内藤恵子先生に多くの助言をいただいた。教員間で技術を共有していくことのありがたさと必要性を感じた。「情報センター」という環境、司書・司書教諭の先生方のご協力も、情報収集の活動の豊かさや活発さを生むうえで有効であった。

後期には、今回のテーマ型小論文から課題文型小論文・データ読み取り型小論文へと発展させていく計画である。

この授業履修者は、ＡＯ・推薦入試受験者が主であった。しかし、大学入試だけに焦点を当てた授業にはしたくないと考えている。生徒たちには、あらゆる物事に対して自分の考えを持ち、自分の言葉で場面や相手に応じて適切に伝える力を身に付けさせたい。なぜなら、学校から巣立っていくこれからの時代を担う若者たちが、社会に対して無関心・受け身・無言であり続けるのであれば、社会がよりよく変わっていくことはないと考えるからである。

　学校での学びを生徒たちの人生、社会に資するものとするために、単元の意義や学習効果をより際立たせるための学習活動と学習ツールの活用を今後も模索していきたい。

※なお、今回使用したルーブリック、パワーポイントの一部、
生徒の振り返りの一部はダウンロード資料にあります。

3 芳香族化合物の分離・精製における化学的探究モデルの活用

折霜 文男
（東京都立山崎高等学校）

1. この授業のねらいと概要

この授業は新学習指導要領で謳われている「課題の把握（発見）、課題の探究（追究）、課題の解決という探究の過程」を踏まえた「化学」における探究的な学習を実施したものである。対象生徒は2年生の選択化学を履修している30名である。

この授業では「探究の過程において、得られた結果と既習の内容などと関連付けて課題の解決につなげたりすること」（高等学校学習指導要領解説【理数編】、p.13）ができるよう、異なるレベルの探究的な学習を組み込み、科学的に探究するために必要な資質・能力を育むことをねらいとした。

2. 学習指導要領との関わり

高等学校学習指導要領解説【理科編】では「有機化合物の性質」の目標で、観察・実験等を通して、次の事項を身に付けることができるように指導することが述べられている（p.107）。

> ア 有機化合物、高分子化合物について、次のことを理解するとともに、それらの観察、実験などに関する技能を身に付けること。

イ 有機化合物、高分子化合物について、観察、実験などを通して探究し、有機化合物、高分子化合物の性質における規則性や関係性を見いだして表現すること。

　この単元では、「理科の見方、考え方を働かせ有機化合物の性質についての観察、実験などを通して、有機化合物、高分子化合物について理解させるとともに、それらの観察、実験などに関する技能を身に付けさせ、思考力、判断力、表現力等を育成すること」（同上、p.107）が求められている。また、「思考力、判断力、表現力等を育成するに当たっては、有機化合物の性質について、観察、実験などを通して探究し、有機化合物の性質における規則性や関係性を見いだして表現させること」（同上）が重視されている。よって、話し合い、レポートの作成、発表を行うように求めた。

3. 教科の特質を活かして探究的な学習をどう設定したか

　それでは次に、理論的な観点から探究の過程を踏まえた「化学」における探究的な学習をどう設定したのかについて紹介する。

レベル	問い	進め方	答え
レベル１：確認のための探究 教員が作成した問いに対する結果が事前に示されており、生徒は探究の基本原理を確認する。	✓	✓	✓
レベル２：構造化された探究 教員が作成した問いと進め方が提示され、生徒は自ら探究学習を進める。	✓	✓	
レベル３：ガイド付きの探究 教員が作成した問いが提示され、生徒は自ら考えた進め方で探究学習を進める。	✓		
レベル４：自由な探究 生徒が作成した問いを、生徒が考えて選んだ進め方で探究学習を進める。			

表1：探究の4つのレベルと生徒に与えられる情報（佐藤、2021）

筆者が化学における探究モデルを開発する上で依拠した資料は「資質・能力を育むために重視すべき学習過程のイメージ」（学習指導要領解説【理科編】）、Kath Murdochの探究モデル、探究の4つのレベルと生徒に与えられる情報（Banchi & Bell, 2008）である（表1）。

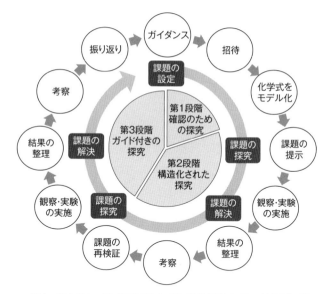

図1：異なるレベルを組み込んだ化学的探究モデル（折霜作成）

これらの資料を参考に化学的探究モデルを作成した（図1）。なお、この化学的探究モデルは観察、実験などに関する技能を身に付けること、有機化合物の性質における規則性や関係性を見出すことができるように、異なるレベルの探究を組み込んでいることが特徴である。

4. 実践の具体的な特徴

（1）指導と活動の流れ

本単元は全10時間で構成し、生徒一人ひとりが主体的に探究的な学習に取り組むことができるよう、異なるレベルの探究を組みこんだ。

〈第1段階〉確認のための探究（1時間目から2時間目）

「ガイダンス」では化学的探究モデルをガイドする「探究の手引き」（学習の手引き）を配付し、探究活動の流れや学習評価の説明を行い、学習への見通しを持てるように伝えた。

次に、「招待」では水と油を混ぜる演示実験を行い、「どうして、水と油が混

ざるのか」という問いから、この現象を「化学
式をモデル化」して捉え、水分子やオレイン酸
分子の極性が関係していることや分液漏斗の使
い方を説明した。続いて、水と油が２層に分か
れている所に塩を加えるという演示実験から、
塩は油層に溶けず、水層に溶けることに気付か
せた（写真１）。

写真１：演示実験の様子

〈第２段階〉構造化された探究（３時間目から５時間目）

「課題の提示」では「どのようにすれば、芳香族化合物の混合物から目的の物
質を分離できるのか？」という問いを提示した。

次に、「観察・実験の実施」では芳香族化合物の混合物を分離するための実験
手順や、フローチャートなどの型が記載されたプリントを配付した。ここでは、
教員の指示に基づき、芳香族化合物の分離に取り組ませ、芳香族化合物の分離を
するための実験方法の習得を目指した。得られた結果は実験を進めていく中で記
録をさせ、「結果の整理」に取り組ませ、班員で結果の共有も行わせた（写真２）。

次に、「考察」では観察・実験で得られた結果を分析・解釈するため、教科書
や資料集を参考にして実験レポートにまとめさせた。考察をさせる時には板書に
「なぜ、この実験操作をしているのか？」という問いに対して「～のためである」
や「なぜなら、○○である」という考察の型を提示している。ここでは芳香族化
合物の官能基や性質に着目して、実験操作で加えた試薬とはどのような化学反応
が起きているのかを実験レポートに表現させることを目指した（写真３）。

写真２：生徒実験の様子

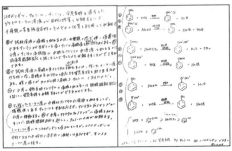

写真３：実験レポート（考察）の抜粋

〈第3段階〉ガイド付きの探究（6時間目から10時間目）

　「課題の再検証」ではこれまでに身に付けた資質・能力（既習の知識及び技能など）を発揮できるように、「どのような手順で1回目の実験方法以外で分離することができるのか」という問いをした。そして、生徒に1回目の実験手順とは違う方法で分離・精製するためにはどうすればよいかという疑問を抱かせ、それを課題として設定し、実験計画を考えさせた（**写真4・5**）。

写真4：実験計画を練る様子

写真5：実験計画を発表する様子

　次に、各班が考えた実験計画で「観察・実験の実施」を行い、第2段階の「構造化された探究」と同様に「結果の整理」や「考察」に取り組ませた。「考察」では班の中で自分たちが取り組まなかった実験について考察しているグループも見られた（**写真6・7**）。

　最後に、「振り返り」ではルーブリックで観察・実験で身に付けた資質・能力を自己評価する学習活動を実施した。

写真6：生徒実験の様子

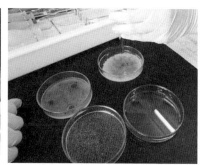
写真7：分離された芳香族化合物の様子

（2）特色ある探究的な活動

　この実践では、特色ある探究的な活動として新学習指導要領が示す「探究の過程において、比較することで問題を見いだしたり、得られた結果と既習の内容などとを関連付けて課題の解決につなげたりすること」（高等学校学習指導要領解説【理数編】、p.13）ができるよう、異なるレベルの探究的な学習を組み込んだ。また、探究の手引きや芳香族化合物の混合物を分離するための実験手順書は、「芳香族化合物の分離と確認」（宮城、2002）の「用いる試

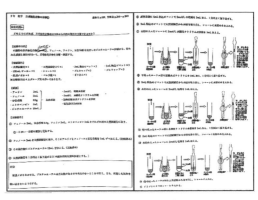

写真8：実験の手順書

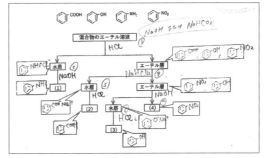

写真9：実験のフローチャート

薬を考える系統図」を参考に作成したプリントなどの型が記載されたプリントを配付した。これによって、「自然の事物・現象に対する概念や原理・法則の理解、科学的に探究するために必要な観察、実験などに関する技能などを無理なく身に付け」（同上、p.11）、探究の過程で科学的に探究するために必要な資質・能力を育むことができた（写真8・9）。

（3）教材の工夫

　本校には分液ロート等の実験器具が不足している実態があった。そこで、筆者がこの授業の単元を開発する上で依拠した先行研究は「芳香族化合物の分離と確認」（宮城、2002）である。この実践では「従来この実験に用いられてきた分液ロートの代わりに、駒込ピペットと大型試験管を用い分離操作を簡略化する」工夫が紹介されている。また、「指示通りに操作を行う受け身的な実験から、あ

資質・能力／評価レベル	主体的に自然事象と関わり、それらを科学的に探究しようとする態度	化学的な知識を理解する力	観察・実験の結果を分析・解釈する力	観察・実験の実行や、必要な情報を整理する力	観察・実験を計画する力
4	芳香族化合物に関する事象・現象に進んで関わり、それらを科学的に探究することが十分にできている。	芳香族化合物の性質及び反応を十分に理解できている。	芳香族化合物に関する事象・現象の中に問題を見出し、目的意識を持って、観察・実験等を行い、結果を分析し、自分の考えを化学反応式や言葉で表現できている。	芳香族化合物の分離・精製に関する基本操作の習得だけでなく、その基本操作の意味を理解していると共に、それらの過程や結果を的確に記録・整理できている。	芳香族化合物の分離・精製をするために、芳香族化合物の分離・精製に関する基本的な原理を踏まえ、実験計画を立てることが十分にできる。
3	芳香族化合物に関する事象・現象に進んで関わり、それらを科学的に探究することができている。	芳香族化合物の性質及び反応を理解できている。	芳香族化合物に関する事象・現象の中に問題を見出し、目的意識を持って、観察・実験等を行い、結果を分析し、自分の考えを化学反応式で表現できている。	芳香族化合物の分離・精製に関する基本操作の習得ができており、それらの過程や結果を的確に記録・整理できている。	芳香族化合物の分離・精製をするために、芳香族化合物の分離・精製に関する基本的な原理を踏まえ、実験計画を立てることができる。
2	芳香族化合物に関する事象・現象に進んで関わることができている。	芳香族化合物の性質を理解できている。	芳香族化合物に関する事象・現象の中に問題を見出すことができている。	芳香族化合物の分離・精製に関する過程や結果を的確に記録、整理できている。	芳香族化合物の分離・精製をするための実験計画を立てることができている。
1	芳香族化合物に関する事象・現象に進んで関わることができていない。	芳香族化合物の性質を理解できていない。	芳香族化合物に関する事象・現象の中に問題を見出すことができていない。	芳香族化合物の分離・精製に関する過程や結果を的確に記録、整理できていない。	芳香族化合物の分離・精製をするための実験計画を立てることができていない。

※1を1点、2を2点、3を3点、4を4点として採点してみよう

合計点　（　　　　）／20

図2：評価用ルーブリック

る程度の方向性を持たせながらも、自分の考えを生かす場面を作ることができる」（宮城、2002、p.834）とも述べられているため、筆者は先行研究として有効であると判断した。この先行研究の知見を本実践の実験手順書、実験のフローチャートの作成場面で参考とした。

(4) 学習評価の工夫

　この実践では、ルーブリックを用いた自己評価を行うことを通じて、科学的に探究するために必要な資質・能力の育成に取り組ませたことが特徴である（図2）。「ガイダンス」の時に本単元で育成する資質・能力の観点や化学的探究モデルを説明したことで、生徒一人ひとりが主体的にモデルに沿って科学的に探究するために必要な資質・能力を発揮させることにつながった。

5. 実践の成果とこれからの実践の方向

　この実践では探究の手引きや異なるレベルの探究を組み込んだ化学的探究モデルを用いて、探究活動の学習支援を行った。その結果、生徒達からは「実験を行いながら、実際に起きている反応が何なのかを頭の中で整理することができた」（生徒Aの原文）、「自分達で操作を考えた実験では今まで学んできた知識をしっかりと生かせてよかった」（生徒Bの原文）等の科学的に探究するために必要な資質・能力の育成に関する記述を得ることができた。

　しかし、この実践では生徒達が探究活動を進める中で得た気付きから疑問を形成し、それを新たな課題として設定していくような「自由な探究」を実施することができなかった。今後は、この点に配慮した実践を行いたい。

──参考文献──
・Banchi, H., & Bell, R (2008)「The many levels of inquiry」,『Science and Children』, 46 (2), pp.26-29.
・宮城政昭「芳香族化合物の分離と確認（定番！化学実験（高校版）22有機化学）」『化学と教育』50巻12号、2002年、pp.834-835。
・佐藤浩章『高校教員のための探究学習入門　問いから始める7つのステップ』ナカニシヤ出版、2021年、p.20。
・相原惇一・中村暢男ほか8名『新版　化学基礎　新訂版』実教出版、2021年、p.229、p.101。

4 「制服×SDGs」に関する プレゼンテーションを通した 探究的な学習

植村 優里香
（東京都立千早高等学校）

1. この授業のねらいと概要

　この授業は、2022年度から新しく実施される高等学校学習指導要領の外国語科の新科目「論理・表現Ⅰ」における探究的な学習を目指して実施したものである。この授業では、「SDGs×制服」というテーマを設定し、各グループで解決したい社会課題を設定し、協力しながら解決策を考え、まとめの活動としてグループ・プレゼンテーションを行った。

　本実践においては、「社会的な話題について、グループで課題を設定し、情報収集を行い、その課題に対する解決策をグループで考え、理由や根拠を示しながら、論理的に英語で伝える」ことが探究的な学習の特徴として挙げられる。

　本授業は、東京都立千早高等学校（以下、本校とする。）において実践した。本校は、全日制ビジネスコミュニケーション科という特色ある学科を設定しており、英語教育とビジネス教育を学校運営の2本柱としており、英語とビジネスを関連させた特徴的な取組を行っている。ビジネス科目において、生徒たちは現代社会における様々な課題について、多様な視点から調査研究を進め、プレゼンテーションやディスカッションを行い、その解決策を模索することで学びを深めている。

　そこで、本実践では、ビジネス科の授業で取り扱われている「SDGs」について取り上げ、教科横断的な実践を行うこともねらいの一つとしている。

2. 学習指導要領との関わり

　本実践は、高等学校学習指導要領における科目である「論理・表現Ⅰ」に基づいて設定した。「論理・表現Ⅰ」は、話すこと［やり取り］、話すこと［発表］、書くことの3つの領域別の言語活動及び統合的な言語活動を通して生徒の発信能力の育成を図る科目である。今回の授業では、プレゼンテーションに向けた原稿作成を行い、実際にプレゼンテーションを行うことで「話すこと［発表］」と「書くこと」を統合させた言語活動を行う。

　学習指導要領では、「論理・表現Ⅰ」の「話すこと［発表］」と「書くこと」の目標について、それぞれ以下のように定めている (p.173)。

---

(1) 話すこと［発表］

　　イ 日常的な話題や社会的な話題について、使用する語句や文、事前の準備などにおいて、多くの支援を活用すれば、スピーチやプレゼンテーションなどの活動を通して、聞いたり読んだりしたことを活用しながら、基本的な語句や文を用いて、意見や主張などを論理の構成や展開を工夫して話して伝えることができるようにする。

---

(2)「書くこと」

　　イ 日常的な話題や社会的な話題について、使用する語句や文、事前の準備などにおいて、多くの支援を活用すれば、スピーチやプレゼンテーションなどの活動を通して、聞いたり読んだりしたことを活用しながら、基本的な語句や文を用いて、意見や主張などを論理の構成や展開を工夫して文章を書いて伝えることができるようにする。

　また、学習指導要領解説【外国語編】においては、論理的に伝えることの基本は、「主張をその理由や根拠とともに分かりやすく話したり書いたりすること」(p.92) と定義されている。また、「多くの支援を活用」とあるため、使用する表現や論理の構成や展開、発表の仕方を生徒が学ぶことができるよう豊富な学習モ

デルを示すことが大切である。

そこで、本実践は「論理・表現Ⅰ」の目標や指導における配慮事項を踏まえた上で、探究的な学習へと繋がるように構成した。

3. 教科の特質を活かして探究的な学習をどう設定したか

学習指導要領における外国語科の目標は「情報や考えなどを的確に理解したり適切に表現したり伝え合ったりするコミュニケーションを図る資質・能力」を育成することである。その上で、「外国語によるコミュニケーションにおける見方・考え方」を働かせることが重要であるとされている。「外国語によるコミュニケーションにおける見方・考え方」とは、「外国語で表現し伝え合うため、外国語やその背景にある文化を、社会や世界、他者との関わりに着目して捉え、コミュニケーションを行う目的や場面、状況等に応じて、情報を整理しながら考えなどを形成し、再構築すること」（学習指導要領解説【外国語編】、p.12）であると定義されている。

以上のことから、英語を使う「目的や場面、状況等」を想定し、その中で子どもたちが実際に英語を使いながら、英語の知識を理解し、読む、聞く、話す、書くなどの技能を身につけるような学習過程を設定する必要がある。また、高等学校においては、身につけるべき「学びに向かう力・人間性等」の中で「主体的・自律的に外国語を用いてコミュニケーションを図ろうとする態度を養う」ことが挙げられている。したがって、授業の中で実際に英語でコミュニケーションを行うだけでなく、自分の作品や学習を振り返り、自己評価や相互評価を行いながら、次の学習につなげていくような学習が求められている。

これらの視点を踏まえ、「論理・表現Ⅰ」を想定した授業を行った。

4. 実践の具体的な特徴

（1）指導と活動の流れ

本実践では、社会的な話題として「SDGs」を取り上げ、「SDGsを達成するた

めに、千早高校の新しい制服を提案しよう」という学習課題を設定した。生徒たちは、「SDGs」に関する社会課題とその解決策を模索し、情報収集を行った後、論理的な発表のモデルとルーブリックを活用しながら原稿作成を行い、最後の発表としてプレゼンテーションを行った。

1時間目	SDGsの基本的な理解とグループ課題の設定
2時間目	調べ学習と発表に向けた原稿作成
3時間目	発表（グループ・プレゼンテーション）

表1：指導と活動の流れ

〈1時間目〉SDGsの基本的な理解とグループ課題の設定

　1時間目では、初めに「SDGs」の基本的な理解を深める学習活動を行った。英語版のSDGsのロゴ一覧を配付し、17個の各目標をグループで協力しながら確認させた。その後、SDGsが設定された背景についての動画を視聴させ、「SDGs」への基本的な理解を促した。

　以上の学習で「SDGs」の基本的な理解を促したところで、「SDGs」の17の目標からグループで1つの目標を決め、その目標が設定された社会背景について、情報収集を行った後、「SDGsを達成するための千早高校の新しい制服を提案しよう」という課題をグループで検討した（写真1・2）。

写真1：調べ学習の様子

写真2：授業の様子

〈2時間目〉調べ学習と発表に向けた原稿作成

　2時間目には、1時間目に行った調べ学習の続きと学習課題に基づく考察を引

き続き行った。その後、発表（グ
ループ・プレゼンテーション）に向
けた原稿作成を行うが、原稿作成の
活動に移る前に、授業者がALTと
一緒にプレゼンテーションのモデル
を実演して示した。その後、生徒は
教師が示したプレゼンテーションの
原稿モデルをもとに原稿作成を行
う。原稿作成にあたっては、ルーブ

写真3：ルーブリックを活用する

リックを用いて目標を決める。作成した後は、同じルーブリックを用いて、作成
した原稿を自己評価するように促した（**写真3・4・5**）。

写真4：グループで協力して原稿を作成

写真5：発表原稿のワークシート

〈3時間目〉発表（グループ・プレゼンテーション）

　3時間目には、プレゼンテーションの練習を10分間設けた後、グループごと
に発表を行った。今回は、グループ・プレゼンテーションであるため、それぞれ
のメンバーが同じ分量を話すこと、なるべく原稿を見ずにアイコンタクトやジェ
スチャーなどを交えて発表を行うことを事前に条件として示した。2時間目の原
稿作成と同様に、ルーブリックを用いて発表前に目標を決め、発表後には自己評
価をする。発表を聞く生徒たちは、ルーブリックを用いて相互評価を行った。

	文法	文章量	内容
レベル3	文法や語法の間違いが3つよりも少なく、正確に文章を書くことができている。	プレゼンテーションの原稿が15文以上の英文で構成されている。	社会における現状や課題を1つ以上取り上げ、それに対する解決策を考えることができている。
レベル2	文法や語法の間違いが3〜5つあるが、わかりやすく文章を書くことができている。	プレゼンテーションの原稿が10文以上の英文で構成されている。	社会における現状や課題を1つ取り上げているが、それに対する解決策を考えることができていない。
レベル1	文法や語法の間違いが6つ以上ある。	プレゼンテーションの原稿が8文以上の英文で構成されている。	現状や課題について書かれていない。

表2：評価用ルーブリック

（2）特色ある探究的な活動

　本授業では、単元全体で探究的な学習の流れである「課題設定→情報収集→整理・分析→まとめ・表現」の過程を踏まえながら実践を行った。グループで課題を設定し、解決に向けて情報を収集・分析・整理したり、周囲の人と意見交換したりしながら、協働的に学び、発表に向けて協力して準備したりするような学習活動の過程を経たことで、生徒の思考力や表現力を伸ばす学習を促すことができたと考える。

（3）教材の特色

　教材の工夫としては、1つめに、「豊富な学習モデルの提示」を行った。新学習指導要領においては、生徒が論理的な意見の述べ方を学ぶためには、「多くの支援を活用」することが求められている。本実践においても、プレゼンテーションに向けてさまざまなモデルの提示を行った。まずは、教師とALTによるプレゼンテーションのモデルの実演で表現の基本型を示し、その原稿をワークシートにも載せることで、原稿の型を示した。さらには、それぞれの選んだテーマごとに使える「Words & Phrases リスト」を作成し、必要に応じてグループに配

付した。これらの多くの支援を使って、生徒はグループで協力し、話し合いながら、プレゼンテーションに向けた準備を行った。

2つめの「ルーブリックの活用」については次項で述べる。

（4）学習評価の在り方

本実践においては、2時間目と3時間目にルーブリックを活用し、目標設定と自己評価及び相互評価を行った。最初にルーブリックを示すことにより、グループの中で、「満点を目指すためにはあと3文必要だから、もう少し文を足そう。」や「文法の間違いがないか確認しよう。」というような会話がみられた。ルーブリックを活用したことで生徒たちが目指すべきゴールが明確になり、生徒自ら原稿を修正したり、発表の仕方を工夫したりする姿が見られた。

5. これからの実践の方向

今回の実践から、「SDGs×制服」というテーマで、各グループで解決したい課題を設定し、グループで協力しながら解決策を考え、まとめの活動としてグループでのプレゼンテーションを行った。「SDGs」という一見難しそうに見えるテーマでも、多くの支援と豊富なモデルを提示することで、理由や根拠を示しながら、わかりやすく相手に伝わる文章と工夫した表現方法でプレゼンテーションを行うことができていた。また、ルーブリックを活用することで、目標が明示され、生徒が主体的によりよい原稿やよりよい発表を目指す姿が見られたのは、本実践の成果である。

今後も、外国語科における他の科目においても探究的な学習の過程を取り入れた授業開発を行い、生徒の主体性のみならず、思考力や表現力を伸ばす指導をしていきたい。また、年間を通して、探究的な学習の過程を取り入れた授業を継続的に行い、その効果検証を行っていきたい。

──参考文献──
・田中博之『アクティブ・ラーニング「深い学び」実践の手引き』教育開発研究所、2017年。

おわりに

　2022年は、戦後最大といえる高等学校の授業改革が始まる年になる。

　高等学校はこれまで、知識の量と正確さを重視する大学入試の制約を受けて、なかなか5教科においては、一斉講義式の授業や知識の量と正確さを身に付けるための練習問題を解く授業から脱することはできなかった。

　5教科の授業で、課題解決的な学習を行うことは大学入試における進学実績に不利になることを示す科学的データはないにも関わらず、「進学実績を落としてはならない」と考える高校でも、「もう少し生徒の学力を上げて進学校になろう」と考えている高校でも、生徒たちの思考力・判断力・表現力に包摂される課題解決的な資質・能力を意図的・計画的に育てるためのカリキュラム・マネジメントを行う取組は生まれてこなかったのである。

　さらに残念なことに、進学実績があまりない高校や指定校推薦による大学進学が中心の高校においても、つまり、知識の量と正確さを測る大学入試を気にする必要がない高校でさえ、なぜか一斉講義式の授業の悪しき伝統を変える努力が行われることはなかったのである。

　もちろん、高校の授業改革に努力する先生方も全国に多数いることは事実である。しかし、その努力は個の取組にほぼ限定されており、学校としての組織的な授業改善のベクトルになることはあまりなかった。

　その一方で、これまでの高校教育改革は、授業改善という生徒たちの未来を拓く丁寧なきめ細かい取組ではなく、制度改革やコース新設、教科名の変更、授業料無償化といった外側の改善に限定されてきた。

　そうした外郭的な学校改善も必要であるし制度的な成果を上げていることは間違いのないことであるが、そうした制度的な改革が行われていても、学校で行われている普通教科においては、一斉講義式の授業がそのまま行われているという隠れた実態があったといえるだろう。

　しかし、ようやく平成30年になって新しい高等学校の学習指導要領が告示されることにより、生徒の多様で高度な資質・能力を育てる探究的な学習を全面的に取り入れた授業改善の取組がやっと進み始めようとしている。また、今回の改

訂でようやく各教科の教科書にも本格的に探究的な学習が入ってくる。大学研究者と高校の先生方との共同研究も増えてくるだろう。

　アメリカやイギリスなどの教育先進国に遅れること45年もたって、ようやくわが国でも高等学校において各教科に探究的な学習を取り入れる授業改善が行われようとしている。これは、21世紀後半を生きる今日の高校生たちの未来を切り拓く上で大変喜ばしいことである。

　私事になるが、筆者が高校3年生の時に、教育学の研究者になって、高度な知識・技能だけでなく主体的な問題解決能力や海外で通用する英語力、さらには自己表現力やコミュニケーション力を身に付けられる授業改善の開発と普及を行うことを人生のライフワークにしようと決意してから、ほぼ45年が過ぎたことになる。

　筆者はこの間、教育学の研究者として多くの人から信頼される業績を積み上げるべく努力してきたのであるが、どれほど努力をしても情熱を傾けても、高等学校の授業改善に関する著作や論文を著すことができないままでいた。その大きな原因の一つは、国の不退転の決意を持った学習指導要領の改訂が高等学校においては行われてこなかったことにあるが、もう一つはやはり高等学校においては組織として意図的・計画的に授業改善を行おうとする実践研究の伝統がないことであると痛感していた。

　しかし大変ありがたいことに、早稲田大学教職大学院の信頼できる在学生と修了生の絶大なる共感と協力を得て、着任後13年の蓄積をもとにしてようやく一冊の単行本としてその思いとアイデアを刊行することができた。改めて、事例執筆者の在学生と修了生には深く感謝申し上げたい。

　今、全国の教職大学院では、理論と実践を融合して新しい実践を生み出すことに熱心であり、かつ専門的な力量を備えた若い教育者が育っている。そうした、若い世代の高校教員が、多忙な日常に埋没せずこれからの授業改善を中心にすえた高校改革のニューリーダーとして活躍し始めている。彼らと行動を共にして、これからも未来に生きる高校生たちのために積極的に授業改善の智恵と具体事例を開発し発信していきたい。読者の皆様のお力添えを心からお願いしたい。

編著者　田中博之

編著者紹介

田中 博之（たなか・ひろゆき）

早稲田大学教職大学院教授

1960年北九州市生まれ。大阪大学人間科学部卒業後、大阪大学大学院人間科学研究科博士後期課程在学中に大阪大学人間科学部助手となり、その後大阪教育大学専任講師、助教授、教授を経て、2009年4月より現職。1996年及び2005年に文部科学省長期在外研究員制度によりロンドン大学キングズカレッジ教育研究センター客員研究員。専門は教育工学及び教育方法学。

主著は以下の他多数。

『フィンランド・メソッドの学力革命』明治図書出版、2008年

『子どもの総合学力を育てる』ミネルヴァ書房、2009年

『学級力が育つワークショップ学習のすすめ』金子書房、2010年

『カリキュラム編成論』NHK出版、2013年

『学級力向上プロジェクト』金子書房、2013年（編著）

『アクティブ・ラーニング実践の手引き』教育開発研究所、2016年

『小・中学校の家庭学習アイデアブック』明治図書出版、2017年（編著）

『アクティブ・ラーニングの学習評価』学陽書房、2017年

『「深い学び」実践の手引き』教育開発研究所、2017年

『「考え、議論する」道徳ワークショップ』明治図書出版、2018年（共著）

『若手教員の学級マネジメント力が伸びる！』金子書房、2018年（編著）

『新全国学テ・正答力アップの法則』学芸みらい社、2019年

『「主体的・対話的で深い学び」学習評価の手引き』教育開発研究所、2020年

『実践事例でわかる！タブレット活用授業』学陽書房、2021年

『NEW学級力向上プロジェクト』金子書房、2021年（編著）

執筆者一覧

はじめに・第1章・第2章・おわりに　　田中　博之

第3章

1・3	百崎　竜也	［東京都立淵江高等学校教諭］
2・10	植草穂乃花	［品川女子学院高等部教諭］
4	徳倉　　暢	［早稲田大学教職大学院／院生］
5	渡辺　研悟	［神奈川県立光陵高等学校教諭］
6	勝又　慎介	［静岡県立沼津東高等学校教諭］
7	名知　秀斗	［岐阜県立華陽フロンティア高等学校教諭］
8	折霜　文男	［東京都立山崎高等学校教諭］
9	梅津　遼太	［早稲田大学教職大学院修了生］

第4章

1	田原　桜子	［東京都立富士高等学校教諭］
2	木野正一郎	［東海大学付属相模高等学校教諭］
3	福岡　隆宏	［神奈川県立横浜平沼高等学校教諭］
4	渡辺　研悟	［神奈川県立光陵高等学校教諭］
5	安藤なつみ	［埼玉県立朝霞高等学校教諭］
6	名知　秀斗	［岐阜県立華陽フロンティア高等学校教諭］

第5章

1	田原　桜子	［東京都立富士高等学校教諭］
2	大門　櫻子	［玉川聖学院中等部・高等部教諭］
	内藤　恵子	［玉川聖学院中等部・高等部教諭］
3	折霜　文男	［東京都立山崎高等学校教諭］
4	植村優里香	［東京都立千早高等学校教諭］

※所属等は2021年10月時点

高等学校 探究授業の創り方

― 教科・科目別授業モデルの提案 ―

2021年12月 5日　初版第 1 刷発行
2024年10月30日　初版第 2 刷発行

編著者 ―― 田中 博之
発行人 ―― 鈴木 宣昭
発行所 ―― 学事出版株式会社
　　　　　　〒101-0051　東京都千代田区神田神保町1-2-5
　　　　　　☎03-3518-9655
　　　　　　HPアドレス　https://www.gakuji.co.jp

編 集 担 当 ―― 二井　豪
デ ザ イ ン ―― 細川 理恵
編 集 協 力 ―― 古川 顕一
印刷・製本 ―― 研友社印刷株式会社